人力资源流程管理

流程让HR管理工作更高效

胡佳辉 王晖 李宁宁◎著

化学工业出版社
·北京·

内容简介

本书从人力资源工作的整体规划、岗位分析、人岗配置、人才招聘、员工培训、绩效考核、薪酬福利管理等方面，详细阐述各项工作的流程设计与优化，旨在助力提升人力资源管理者（HR）的工作效率，减少时间、精力成本，并确保执行的精确性。同时，以电子文件下载的方式提供了50份文档，详尽列举了人力资源工作流程中用到的图、表等文件模板，极大增强了本书的实用性和指导性。

本书适合各类企事业单位的人力资源管理岗位工作人员阅读使用，同时也可供高等院校人力资源管理相关专业师生作为学习参考书。

图书在版编目（CIP）数据

人力资源流程管理 ：流程让 HR 管理工作更高效 / 胡佳辉，王晖，李宁宁著. -- 北京 ：化学工业出版社，2025. 7. -- ISBN 978-7-122-48052-1

Ⅰ. F243

中国国家版本馆 CIP 数据核字第 20258T538Z 号

责任编辑：卢萌萌　　文字编辑：李　彤　刘　璐
责任校对：李露洁　　装帧设计：王晓宇

出版发行：化学工业出版社
（北京市东城区青年湖南街 13 号　邮政编码 100011）
印　　装：大厂回族自治县聚鑫印刷有限责任公司
710mm×1000mm　1/16　印张 $10^1/_4$　字数 142 千字
2026 年 1 月北京第 1 版第 1 次印刷

购书咨询：010-64518888　　售后服务：010-64518899
网　　址：http://www.cip.com.cn
凡购买本书，如有缺损质量问题，本社销售中心负责调换。

定　　价：58.00 元

前言 PREFACE

HumanResources

流程管理是企业管理精细化、规范化和标准化的体现。许多企业的管理工作常常因为流程不明、主次不分，而造成效率极其低下。引入和优化流程，无论是对整个企业的运营，还是释放管理者压力，都是十分有利的。高效的管理者之所以能够轻松应对繁重的工作，关键在于他们掌握了一套高效、科学、合理的流程。

人力资源管理工作同样需要实现流程化，旨在“向流程要效率”，通过梳理、制定和优化人力资源管理中招聘、培训、绩效考核、薪酬福利管理等各项工作的流程，以提升 HR（人力资源管理者）的工作效率，减少时间、精力成本，并确保执行的精确性，追求零失误，使企业中每个部门、每位员工都能各司其职，确保职责不重叠、不缺失、不越界。

本书依据人力资源管理工作的特性和发展实际，将其全面流程化，使得各个领域的 HR 能够把握重点，明确主次，增强工作的针对性和有序性。

全书共 8 章，第 1 章总体介绍人力资源流程管理的概念、作用、原则和步骤。第 2 章至第 8 章详细阐述人力资源整体规划，岗位分析、人岗配置、人才招聘、员工培训、绩效考核、薪酬福利管理等各项工作的流程设计与优化。附录部分颇具特色，用 50 份文档，详尽列举了人力资源工作流程中用到的图、表等文件模板，以电子文件的形式供读者直接下载使用，极大增强了本书的实用性和指导性。

为提升阅读体验，本书摒弃了冗长乏味的纯文字叙述，转而采用漫画、流程图、表格等多种形式相结合的叙述方式，简洁明了。同时，辅以高度凝练的语言，确保了本书的易读性。

HR经理　招聘HR　培训HR　绩效HR　薪酬福利HR

编者

2025 年 3 月

HumanResources

目录

CONTENTS

第1章

人力资源流程管理：通过梳理流程，提升管理效率

人力资源管理是一项涉及面广的工作，最大特点是琐碎、繁杂，导致有些人认为这无非就是天天做些公司日常事务罢了，毫无技术性。其实，并非如此，任何一门学科都是有技术含量的，只是很多人没掌握而已。

流程管理就是人力资源管理的技术，通过为各项工作构建流程，把管理者从无效的忙碌中解放出来，帮助其分清工作的轻重缓急，将时间、精力用在解决重要、紧急的任务上。

1.1 什么是流程管理

在了解人力资源流程管理之前，我们先回顾一下流程管理的概念。

流程管理概念的起源至今业界尚无一致的共识，它并非由某个特定人物或在某一特定时间点所提出，而是管理学长期演进的结果，汇聚了众多管理学家、学者的智慧，逐步发展完善。

流程管理概念的演变跨越 100 多年，主要经历了四个阶段，由泰勒、法约尔、哈默等管理学家共同塑造了流程管理的完整体系。

第一个阶段：雏形期。

在 19 世纪末至 20 世纪初，弗雷德里克 · 泰勒（Frederick Taylor）提出了科学管理理论，主张通过科学方法分析工作流程，以优化效率。泰勒被誉为“科学管理之父”，其理论被视为流程管理的雏形。

第二个阶段：理论期。

进入 20 世纪初，法国管理学家亨利 · 法约尔（Henri Fayol）提出了管理职能理论，强调计划、组织、指挥、协调和控制等管理过程，为流程管理提供了系统化的理论基础。

第三个阶段：高峰期。

到了 1990 年，麻省理工学院教授迈克尔 · 哈默（Michael Hammer）提出了业务流程再造（BPR），将流程变革理论系统化并推向实践的高峰。他主张对企业流程进行根本性的重新设计和彻底变革，以提高效率、降低成本。这一理论被认为是恢复企业竞争力的关键手段，在 20 世纪 90 年代全球范围内广受欢迎。

第四个阶段：完善期。

然而，BPR 理论较为激进，主张全面推翻现有流程，导致在实际应用中失败率较高。因此，后续的学者和企业开始转向更为温和的业务流程优化（BPI），强调渐进式的改进而非彻底的重构。到了 20 世纪末，信息技术（例如 ERP 系统）的应用使得流程管理更加系统化和自动化。

为便于理解这一概念，接下来，我们以人力资源管理中的一个常见业务——处理员工请假申请为例进行分析。

处理员工的请假申请是 HR 的一项重要工作内容。假如张三今天请假，按照要求他要先向自己的部门经理提出申请，部门经理批准后交更高级别领导审批，获得批准后，人力资源部门备案，张三方可离开公司。这本是一件很简单的小事儿，但一些新 HR 往往将其复杂化了。如果运用流程管理来展现这一过程的话就会清晰很多。

员工请假申请处理流程图如图 1-1 所示。

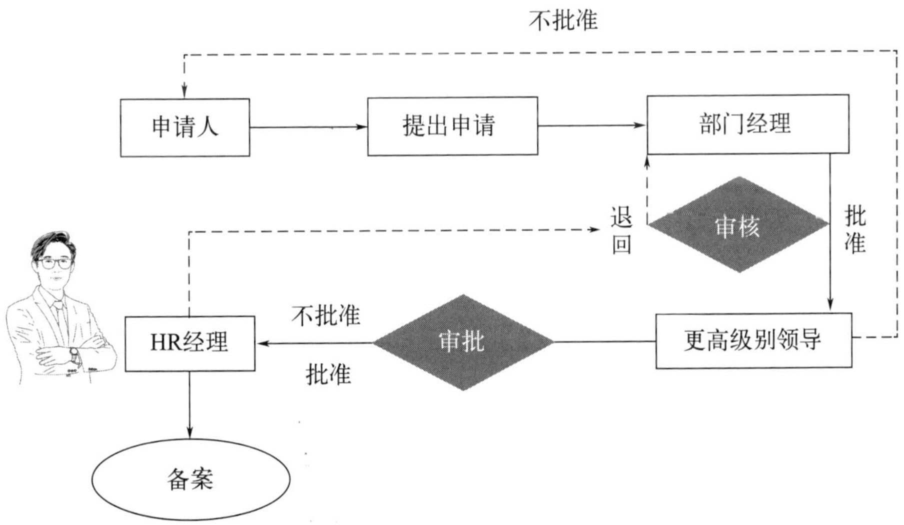

图 1-1　员工请假申请处理流程图

从图 1-1 中可以看出，流程管理的本质是对业务流程的重构与优化。为何很多员工对领导的假期审批工作不满呢？原因就在于员工提出请假申请后，迟迟得不到批复。这不仅暴露出领导工作低效，甚至无效，更反映出其不懂得流程管理，在面对一项工作时，无法理清问题的脉络，抓不住处理的重点。

处理员工的请假申请虽然看似简单，但由于它涉及多部门和人员，常常会在某个环节受阻，本应当天完成的事务不得不拖延至次日。然而，如果实施流程管理，情况将大为改观：各部门、各岗位人员按照流程做，各司其职，在自己所在的环节中做好自己的事情，从而使工作效率大幅提升。

1.2 流程的三个组成部分

一个完整的流程，无论是简单业务的流程，还是复杂业务的流程都会包括这三个部分。表 1-1 是对这三个部分的详细阐述。

表 1-1　流程的三个组成部分

组成部分	详细阐述
输入	启动一个流程要先有输入，这是先决条件，即流程是针对什么业务展开的
过程	从输入到输出往往要经历多个环节，这些环节及各环节间的相互关系被称为过程
输出	流程一定要有始有终，“终”就是我们所说的输出，即流程结束后所要达成的最终目标

从这个角度重新审视上一节案例中的员工请假申请处理流程，可以清晰地看出，该流程即一个标准流程。它完整地包含了输入、过程和输出三个部分。接下来，结合这三个部分进一步验证上面的请假处理流程。

请假处理流程包含的三个部分如表 1-2 所示。

表 1-2　请假处理流程包含的三个部分

组成部分	详细阐述
输入	申请人提出申请
过程	该流程有三个环节，分别为部门经理审核、更高级别领导审批、人力资源备案
输出	上面的过程产生了两个结果：被批准或不被批准

综上所述，流程至少要包括三个部分。做某项工作之前要考虑清楚，要清楚做什么事情（输入）、事情是怎样处理的（过程）及这样处理的结果是什么（输出）。

1.3 人力资源流程管理的作用

在理解流程管理的概念之后，接下来再回到人力资源管理上来。人力资源管理，英文 Human Resource，又简称 HR。在实际工作中，我们所说的 HR 常常包括两层含义，如图 1-2 所示。

图 1-2　HR 的两层含义

HR 的第一层含义泛指“人力资源管理工作”，即为实现某一目标，对公司所属人员进行选拔、任用、培养、考核、奖惩等一系列的管理活动。它的第二层含义，专指从事人力资源管理工作的相关人员，比如，人力资源部门经理、招聘专员、薪酬专员等（本书中的 HR 指第二层含义）。

流程管理概念在人力资源管理领域的具体运用形成了人力资源流程管理。流程管理的目的是确保企业各项工作有序、高效地进行，实现企业长期、持续、稳定、高效的发展。运用在人力资源管理工作中，则可以保障人力资源各项事务的高效运行、有序执行。

综上所述，人力资源流程管理是以“人力资源管理工作的全部或某项业务”为中心，对其进行创新、优化和重构的管理活动，力求低成本、高效率地完成工作。

人力资源流程管理的作用如图 1-3 所示。

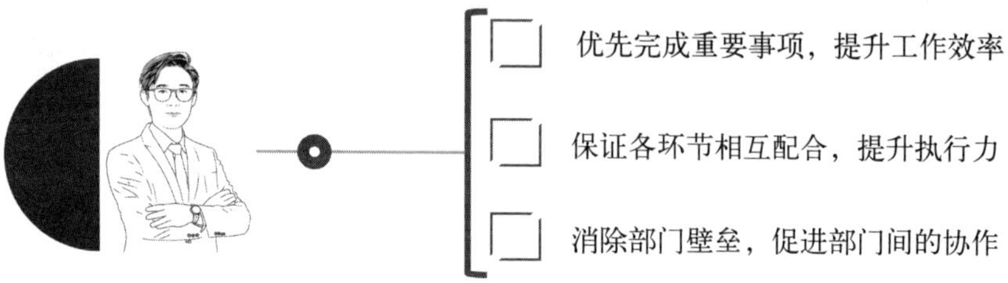

图 1-3　人力资源流程管理的作用

（1）优先完成重要事项，提升工作效率

通过实施流程管理，HR 能够有效地从那些日常的、重复性的、琐碎的事务中解脱出来，从而将宝贵的时间和精力投入到更加重要且紧迫的工作任务中去。这种工作方法有助于人力资源工作者清晰地识别和划分工作的优先级，确保关键任务得到优先处理。这样一来，不仅能够提升个人的工作效率，还能减

少不必要的工作环节，减少人为错误，提高工作质量。

（2）保证各环节相互配合，提升执行力

流程管理是提升执行力的重要保障。若某项工作缺乏规范和标准的执行流程，执行起来将极为困难。即便不断强调员工的执行力，其也难以实质性地提升，因为他们缺乏明确的行动指南。因此，业界常言“执行即遵循流程”，遵循流程是提升执行力的核心。

（3）消除部门壁垒，促进部门间的协作

流程能够打破部门界限，有效消除部门间的沟通隔阂。人力资源管理工作的顺利完成通常需要企业中各部门的协助。而这种合作是建立在高效的流程基础之上的，否则，人力资源部门与各部门之间，以及各部门之间无法顺畅衔接。

1.4 人力资源流程管理的原则

人力资源流程管理是现代企业管理规范化、标准化的重要体现，可以大幅优化人力资源配置，提高人力资源效率，激发不同人才的潜能。但要想实现这些目的，HR 在推进工作流程化过程中必须遵循六项基本原则，详细内容如图 1-4 所示。

标准化、系统化、灵活性、人性化、持续性和合规性原则，共同构成了人力资源流程管理的基本原则。只有遵循这些原则，HR 才能构建出一个高效、公平、灵活且符合员工需求的管理流程，实现人力资源价值的最大化，为企业的可持续发展提供有力支持。

标准化原则

确保公正性和客观性。无论是招聘的选拔标准，还是培训制度、评估和激励机制，都应建立在明确、一致的基础上，以减少主观因素的影响，提高决策准确性和效率。

系统化原则

强调人力资源管理在企业运营管理中的整体作用。确保各个流程之间相互协调，形成一个无缝对接的闭环，实现人力资源的充分利用和最优配置。

灵活性原则

反映了对外部环境变化的适应性。随着市场环境的变化和公司战略的调整，人力资源管理策略也应具备灵活性，能够迅速做出响应。

人性化原则

要求在注重效率和效果的同时，关怀员工，尊重他们的个人需求和职业发展需求，以提高员工的满意度和忠诚度，进一步吸引和留住关键人才，为公司的持续成功创造有利条件。

持续性原则

要求定期对人力资源管理工作进行评估，积极学习和引入先进的管理理念和技术，识别并解决存在的问题，以不断优化和创新管理流程，提升管理效率和效果，适应不断变化的商业环境。

合规性原则

严格遵守国家法律法规，确保所有活动都在法律允许范围内进行。包括遵守劳动法规，保障员工合法权益，及时关注政策变化，以应对可能出现的风险，维护公司良好的声誉。

图 1-4　人力资源流程管理的六项原则

1.5 人力资源流程管理的步骤

流程管理是一种系统性非常强的管理方法，各个环节环环相扣，它强调每一项工作必须按照预设的流程一步步进行，不允许随意跳过或忽视任何一个环节。这就要求 HR 在实施管理活动时要注重业务的逻辑性与连贯性，确保整个过程规范、有序。

接下来，详细阐述在进行人力资源流程管理时必须遵循的五个步骤，具体内容如图 1-5 所示。

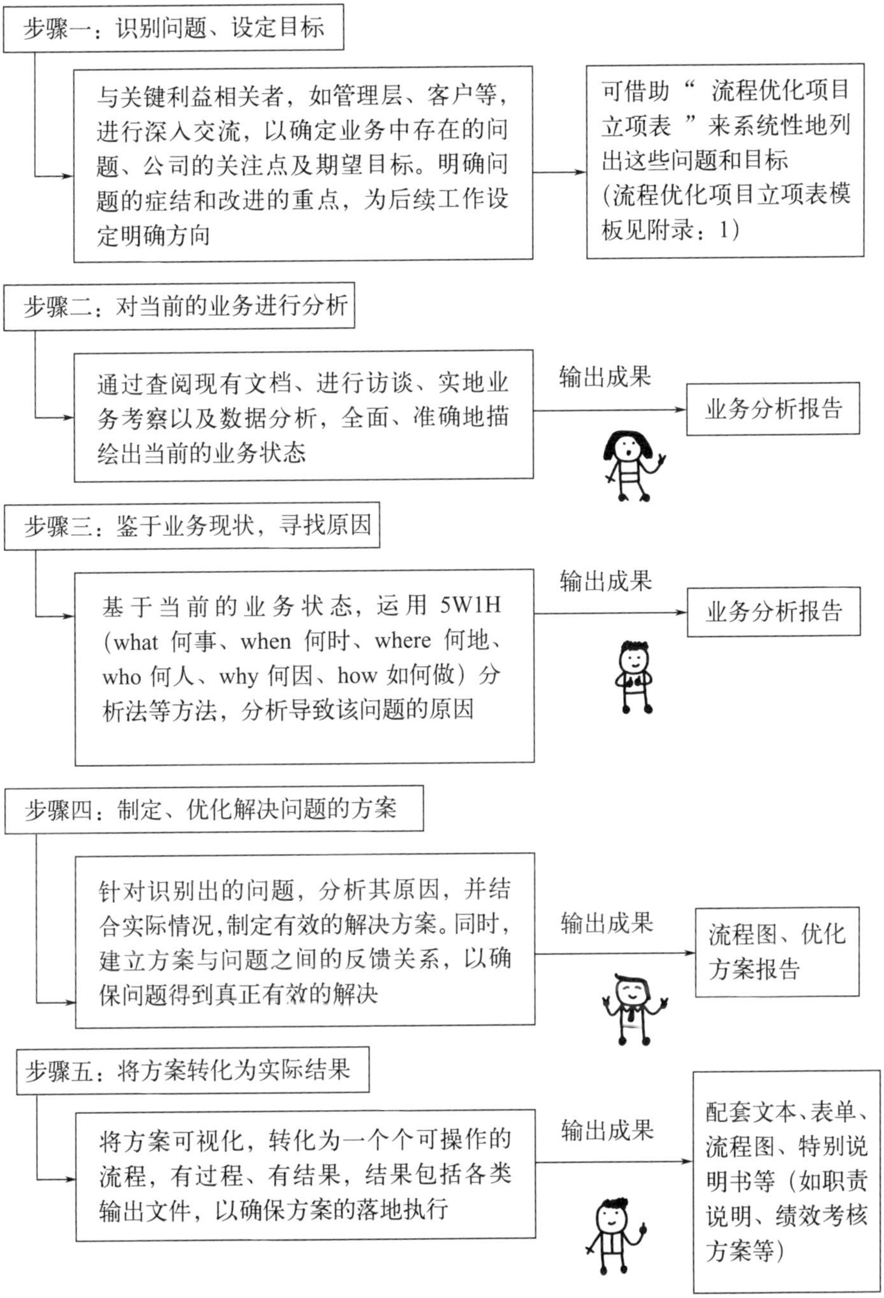

图 1-5　人力资源流程管理应该遵循的五个步骤

第2章

人力资源整体规划：构建从战略到执行的全体系流程

人力资源管理作为企业管理的重要组成部分，涵盖多项业务，包括招聘管理、培训管理、绩效考核、薪酬福利管理等，而每一项业务又事关企业的整体利益。所以，对HR而言，开展某一项具体业务之前，必须先从企业的整体利益出发，进行全局性考量。这样才能确保人力资源管理工作与企业愿景、战略目标保持一致和协同。

从这个角度看，HR在进行人力资源工作的流程构建时，必须先制订一个整体规划，纵览全局，后面所有的工作都要围绕这一整体规划展开。

2.1 什么是人力资源整体规划

制订人力资源整体规划，是 HR 在实施流程管理时必须做的一项工作，它属于企业战略目标的一个组成部分，是后续其他工作的基础。

通过对人力资源工作进行整体规划，可以确保我们在正确的时间、正确的地点，做正确的事情，让企业中的人力、物力、财力等资源得到合理配置，实现价值最大化。例如，某企业制定了以科技创新来驱动业绩增长的发展目标，那么，人力资源工作就要有匹配的整体规划，比如，吸引创新型人才，并利用现有资源、未来资源对其进行包装和优化，给予高薪资高待遇、匹配最好的职业生涯规划等，目的就是想尽一切办法留住人才。

总之，HR 在开始具体工作之前，需要对人力资源工作进行整体规划，把握整体，让所有的工作都按照预期进行。即使实施途中有突发情况，也能从容应对，快速找到新的解决办法。

案例 1

阿里巴巴是全球领先的电子商务公司，其成功很大程度上得益于有效的人力资源整体规划。在初创阶段，马云就明确提出“以人为本，人才是阿里巴巴最宝贵的资源”的理念。在公司进入快速扩张期后，又对人力资源整体规划进行了优化，确保人才的储备和培养。

阿里巴巴有一套完善的人才引进、培养和激励机制，包括自己创办培训大学“湖畔大学”，创新“合伙人制度”等，都是为了吸引和留住核心人才。同时，公司还利用大数据分析技术，充分预测公司对人才的需求，提前做好人才储备，避免公司发展带来的人才短缺风险。

此外，阿里巴巴还十分注重员工的职业发展规划，为员工提供多元化的发展机会，使员工能够随着公司的成长而成长。这一举措大大提高了员工的满意度和忠诚度，使其能为公司持续发挥自己的价值。

案例 2

全球知名的咖啡连锁店星巴克也是靠“人”取胜，其因独特的公司文化和福利制度而被誉为“咖啡界的谷歌”。星巴克人力资源整体规划不仅关注人才的招聘和培训，更注重打造一个积极、包容的工作环境，使员工成为其品牌文化的传播者。

星巴克提供全面的员工培训，包括咖啡知识、服务技巧以及领导力培养等，以提升员工的专业技能和服务水平。同时，还提供丰厚的员工福利，如股票期权、全面的医疗保险以及教育资助计划，以吸引和留住优秀的员工。

星巴克强调“伙伴”而非“员工”，鼓励公司的每一位成员充分参与到公司的管理中，从而最大限度地激发他们的工作热情和创新精神。这些都为星巴克在全球的持续扩张提供了强大的人才支持。

上面两个案例充分说明，有效的人力资源整体规划能够帮助企业吸引和留住人才，提升人才对企业的满意度、忠诚度，从而推动企业持续、健康发展。

那么，什么是人力资源整体规划？简而言之，就是企业根据其战略目标和发展规划，对人力资源需求和供给进行预测，并据此制定相应的人力资源政策和措施，以确保企业在正确时间、正确地点，拥有一定数量和质量人才的过程。

人力资源整体规划是一项综合性工作，囊括多项内容。人力资源整体规划的内容如图 2-1 所示。

图 2-1　人力资源整体规划的内容

人力资源整体规划往往是多个内容的叠加，涵盖招聘、培训、绩效管理、薪酬福利管理等多个层面。因此，HR 想要做好这项工作必须有总揽全局的能力，从三个方面入手，具体内容如图 2-2 所示。

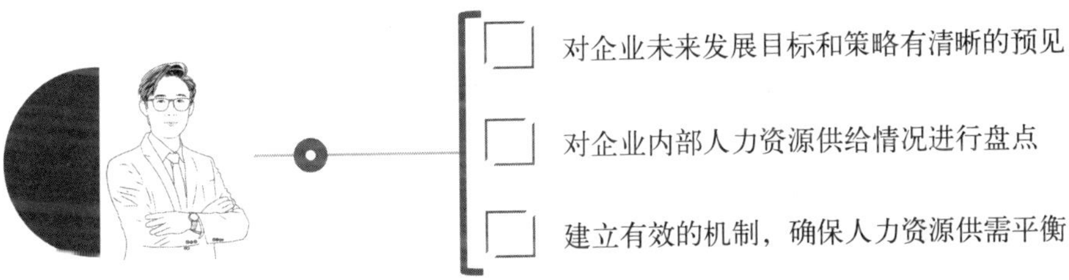

图 2-2　做好人力资源整体规划的三个要点

（1）对企业未来发展目标和策略有清晰的预见

HR 在制订企业人力资源整体规划时，需要先对企业未来发展目标和策略有清晰的预见。包括对市场趋势、行业动态、企业战略的深入理解，以及对各部门、各职位人才需求的精确估算。例如，某企业计划扩大某一产品的生产线，那么，就需要提前招聘更多的生产工人、技术人员。

（2）对企业内部人力资源供给情况进行盘点

制订人力资源整体规划时还需要考虑内部的人力资源供给情况。这包括对现有员工的能力、潜力和职业发展需求进行评估，以及对员工流动、退休、晋升等可能影响供给的因素进行预测。通过内部人才盘点，企业可以发现和培养潜在的领导者，同时也能避免人才短缺的问题。

（3）建立有效的机制，确保人力资源供需平衡

建立一套有效的机制，目的是确保人力资源的需求和供给达到平衡。这可能涉及制订招聘和培训计划，优化绩效考核和薪酬福利体系，以及设计合理的职业发展路径等。这样的机制不仅可以吸引和留住人才，也能激发员工的工作积极性和创新性，从而提升企业的整体竞争力。

2.2 人力资源整体规划的内容

2.2.1 战略层面的规划

人力资源工作战略层面的规划是指 HR 为了实现企业长期目标而制订的人力资源管理的长远计划。在企业战略目标的指导下，结合企业现有资源或可预见的未来资源，并有效地整合、调配，以实现人力资源价值的最大化。

然而，这是一个全面、复杂、庞大的工程，需要 HR 善于从多个维度出发，综合考虑各种因素，既要符合企业利益，也要兼顾员工个人利益。

人力资源工作战略层面的规划包括表 2-1 所列的五项内容。

表 2-1　人力资源工作战略层面规划的内容

内容	详细解释
招聘工作规划	HR 根据企业发展方向、业务需求，明确企业所需人才的类型、数量和质量标准，具体包括对现有岗位的分析，对未来可能产生的新职位的预测
培训工作规划	企业为员工提供持续学习、长远发展的机会，目的是确保员工工作技能、知识的提升，个人预期的实现。规划的内容包括专业技能的提升，团队协作能力以及领导力的培养等
绩效管理工作规划	是确保员工目标与企业战略目标一致的关键，通过建立有效的绩效评估体系，来激励员工达成个人和组织目标，同时识别和解决工作过程中遇到的绩效问题
薪酬、福利管理工作规划	是对员工薪酬结构、福利的规划。通过合理的薪酬结构和福利计划能够体现企业对员工价值的认可，同时也能激发员工的工作热情和提高员工忠诚度
组织结构、文化建设规划	关注于如何构建一个高效、协作的工作环境，包括明确的职责划分、有效的沟通机制以及积极向上的文化建设

2.2.2　制度层面的规划

人力资源工作制度层面的规划是战略层面规划的具体化。因为无论是招聘、培训、绩效管理、薪酬福利这些看得见的、有形的规划内容，还是组织结构、企业文化等看不见的、无形的规划内容，要想付诸实践，必须有切实的制度保障。科学、完善的制度能为战略层面的规划提供一个公平、公正、高效的执行保障。

因此，我们可以确定，人力资源工作制度层面的规划内容，相应地也有五项，具体如表 2-2 所列。

表 2-2　人力资源工作制度层面规划的内容

内容	详细解释
招聘制度规划	包括招聘计划制订、招聘渠道选择、招聘流程设计、面试评估等方面的制度，以及新员工录用、试用、档案管理等相关制度
培训制度规划	包括员工培训计划制订、培训课程设计与开发、培训效果评估、培训资源管理、培训预算与成本控制等方面的制度以及培训师队伍管理、评估制度等
绩效管理制度规划	包括绩效考核与绩效改进计划制订、绩效指标设定、绩效评估周期确定、绩效评估流程设计、绩效结果反馈、绩效奖励与处罚、绩效结果应用与跟踪、员工申诉流程建立、绩效管理体系的持续优化与改进等方面的制度
薪酬福利制度规划	包括薪酬结构、社会保险、公积金缴纳、带薪假期、员工培训、劳动保护、福利补贴、股权激励等方面的制度
组织结构、文化建设制度规划	组织结构、企业文化方面的制度通常因企业而异，不同企业的文化差异很大。比如，有的企业秉持“以人为本、追求卓越”的核心理念，重视员工个人发展，鼓励创新思维，倡导诚信、敬业、团队合作、持续学习等。关键是要通过定期培训、团建活动等形式强化企业价值观

2.2.3　执行层面的规划

人力资源工作执行层面的规划是人力资源整体规划的重要组成部分，它关乎企业的长期、稳定发展和人力资源的合理配置。主要目标是保证各项制度落到实处，真正地能适应企业当前和未来的发展需求。

人力资源工作执行层面的规划内容如表 2-3 所列。

表 2-3　人力资源工作执行层面规划的内容

内容	详细解释
组织结构设计	根据企业发展战略和业务需求，设计合理的组织架构，包括部门设置、职位层级划分和职能分工
岗位职责划分	明确各职位的职责范围、任职资格和职位说明书
人员配置	根据职位需求，进行人员配置，采用内部晋升、外部招聘等方式
员工培训与学习	制订员工培训和再学习计划，提升员工技能和素质
绩效管理与评估	建立科学的绩效考核体系，确保员工目标与企业目标一致
薪酬福利体系建设	落地具有竞争力的薪酬福利制度，吸引和留住人才
员工关系管理	维护和谐的劳动关系，处理员工投诉和纠纷
人力资源信息系统建设	构建完善的人力资源信息系统，实现人力资源管理数字化、自动化和智能化

2.3 人力资源整体规划的步骤

人力资源整体规划是在明确企业战略目标、深入了解各部门业务需求、深刻理解市场动态及趋势，并进行科学分析的基础上，与各部门负责人充分沟通交流后形成的一系列规划的集合。

这些规划的制订遵循一定步骤，人力资源整体规划的制订步骤如图 2-3 所示。

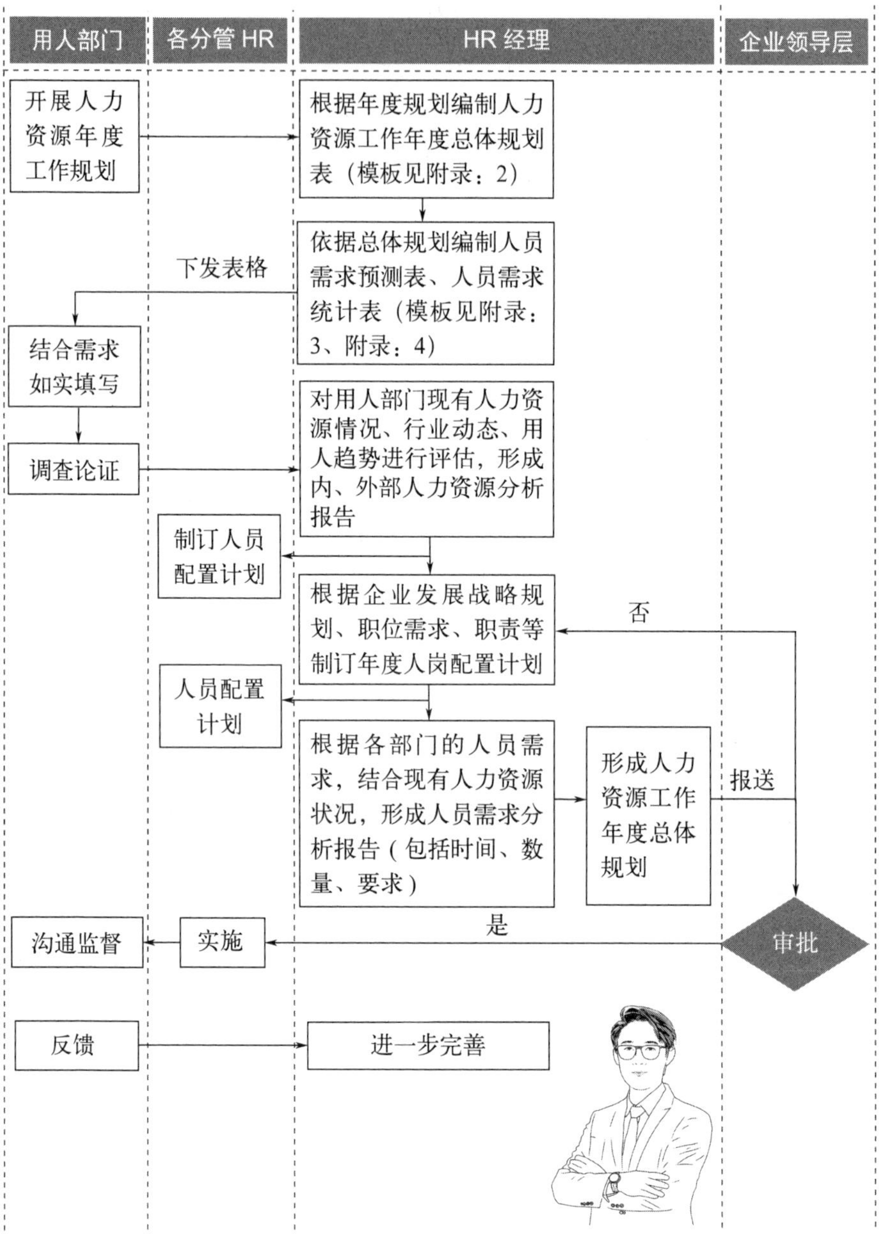

图 2-3　人力资源整体规划的制订步骤

总之，人力资源整体规划是进行人力资源流程管理的重要前提、依据，要想做好人力资源工作的流程管理，就必须先制订这样一份规划。

第3章

岗位分析流程：规范岗位管理，明确工作职能

岗位分析，是人力资源管理中的一项基础而关键的活动。它涉及对特定岗位的系统性研究和描述，旨在明确岗位的职责、权限、工作条件、任职资格以及与其他岗位的关系等。

通过岗位分析，企业能够更准确地理解各个岗位的需求，从而为招聘、培训、绩效考核、薪酬设计等人力资源管理活动提供科学依据。这一过程有助于优化组织结构，提高工作效率，促进员工个人与企业的共同发展。

3.1 什么是岗位分析

戴维 · 佩里在《招募顶尖人才》一书中提到："在你失去下一位优良人选之前，请拿起你枯燥的职位概述，给它注入活力。"

这里的职位概述其实就是岗位分析，岗位分析也叫职位分析、工作分析。它具体指 HR 采用科学方法系统地收集与岗位有关的信息，如岗位职责、任职资格、工作强度及其他信息的过程。这些信息将作为编写岗位规范、岗位管理办法、岗位说明书的依据。

岗位分析的概念分解示意图如图 3-1 所示。

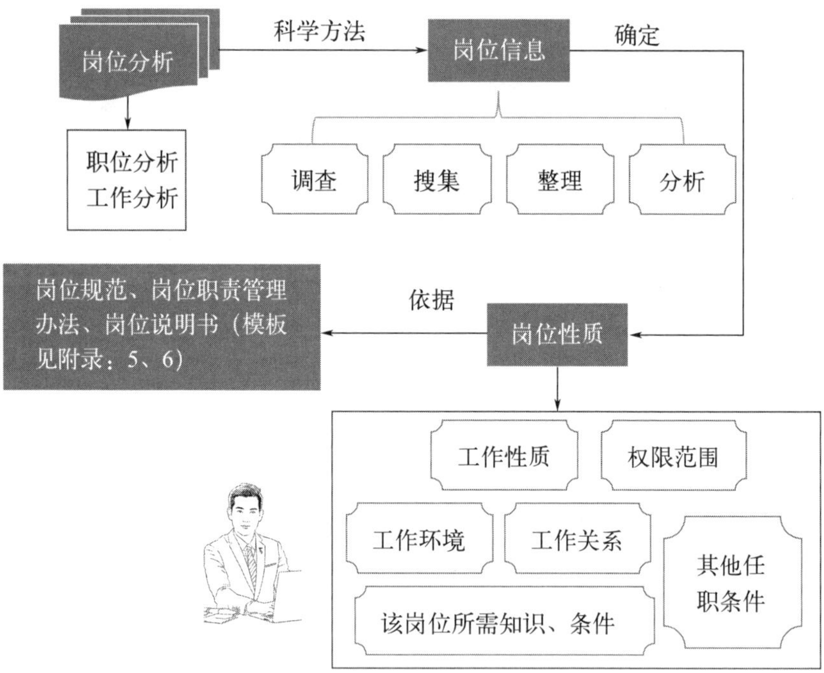

图 3-1　岗位分析的概念分解示意图

其中，岗位职责管理办法、岗位说明书是岗位分析流程规范化的基础性文件。

需要注意的是，岗位分析是一个系统全面、逐步深入的过程，旨在为岗位勾勒一个清晰、准确的画像，为人力资源流程管理提供有力的支持。岗位分析的内容十分丰富，通常包括岗位性质说明、岗位职责描述、岗位任职资格、工作环境与条件、岗位晋升路径、岗位薪资福利、岗位前景分析、岗位培训与发展机会等。

岗位分析包括的内容如表 3-1 所列。

表 3-1　岗位分析的内容

内容	详细解释
岗位职责描述	包括从事特定岗位所需完成的任务，岗位职责，开展工作所需资料、机器设备与材料，工作流程，与其他工作人员的正式联系以及上下级关系
岗位任职资格	指为确保从业者能胜任特定岗位，企业为其设定的一系列要求，包括学历、专业知识、技能、工作经验、个性特质等
工作环境与条件	描述与某岗位相匹配的内外部环境。例如，舒适的工作空间、先进的办公设备等
岗位晋升路径	指从业者在某岗位上从低层级向高层级晋升的路径，不同岗位有不同的晋升路径。例如，管理岗和业务岗是完全不同的晋升路径
岗位薪资福利	企业为某岗位从业者提供的薪资、待遇及福利体系，多数情况下根据岗位性质、员工能力和贡献率而提供
工作地点与工作时间	指与某岗位所对应的工作地点和时间。例如，工作地点设在市中心的现代化办公大楼内，工作时间遵循标准的“朝九晚五”制度，周末双休
团队结构与协作关系	为满足某岗位需求而组建的团队。团队一般由多个人员组成，每个人员都有明确的分工
岗位前景分析	结合行业发展趋势，分析岗位前景。例如，随着技术的不断进步，本行业呈现出蓬勃的发展态势，岗位需求量大，发展前景广阔
岗位培训与发展机会	与某岗位相关的入职培训和在职培训，旨在帮助岗位从业人员不断提升个人技能，拓宽知识视野

3.2 岗位分析的意义

对于 HR 而言，岗位分析不可缺少。它是整个人力资源管理工作中最基础的环节，也是现代企业实现人才管理战略的客观需要。

当然，岗位分析的意义远不止此，除了宏观层面的意义，还有三个微观层面的意义，具体如图 3-2 所示。

图 3-2　岗位分析微观层面的意义

（1）岗位分析在招人、用人层面的意义

岗位分析结果是企业招聘过程中的关键参考，它使人力资源部门能够更全面地理解各个岗位的职责以及所需的专业技能和资质，从而明确对候选人的具体要求和评估标准。这有助于显著提升招聘的精准度和效率。

（2）岗位分析在绩效考核层面的意义

岗位分析是绩效考核的基石，它有助于确保考核标准的客观性和公平性，从而提升员工的工作积极性，并推动组织目标的实现。通过岗位分析，我们能够明确界定各岗位的工作职责、任务要求以及工作标准，为制定考核指标提供了坚实的基础。

（3）岗位分析在薪酬福利层面的意义

岗位分析的结果直接决定了薪酬福利的水平。通过岗位分析，企业能够将各岗位划分为不同等级，并依据等级确定相应的工资标准。各等级的工资标准可以设定为具体数值，亦可设定为一个区间范围。不同等级之间的工资标准通常会存在一定程度的重叠，以彰显薪酬的灵活性与激励性。

需要注意的是，尽管岗位分析与薪酬的关联度较高，但与福利的关联度相对较低。福利的设计通常更多地基于岗位性质、职务等级、工作年限等要素，以体现对员工的全方位关怀与激励。

3.3 岗位分析的流程

岗位分析是一项复杂细致的“工程”，在具体分析时必须细致入微，严格遵循既定流程。岗位分析工作应从“企业整体”和“岗位局部”两个维度展开。

（1）企业整体：从内部到外部

从企业整体维度进行分析时需要遵循“由内到外”的原则。

① 企业内部　企业内部因素包括基本信息和工作环境两大部分，具体如图 3-3 所示。

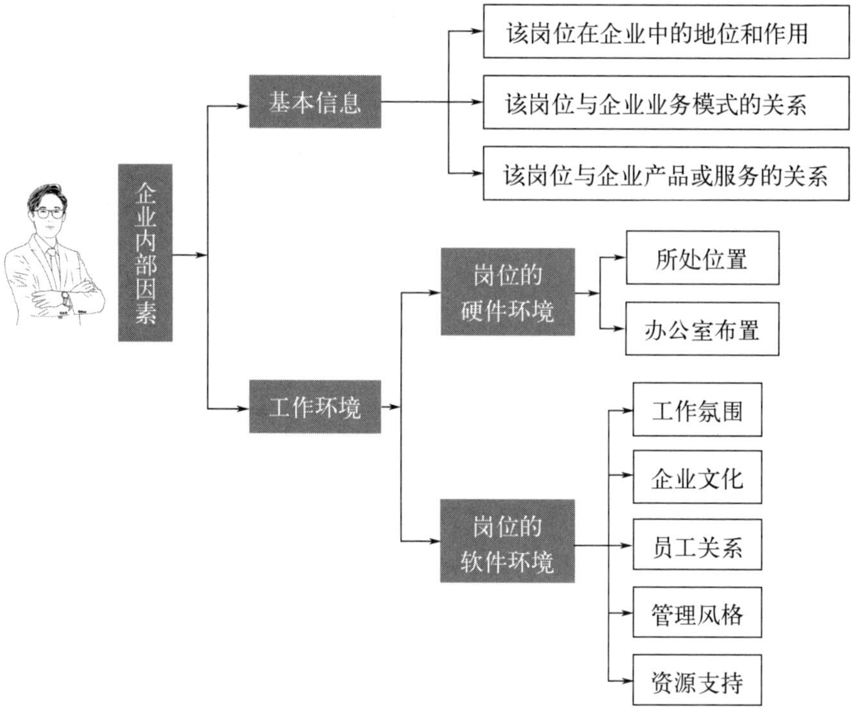

图 3-3　影响岗位分析的企业内部因素

进行岗位分析时必须先掌握岗位在企业内部的基本信息、工作环境，这是 HR 经常会忽视的。基本信息和工作环境是影响岗位分析的重要因素，分析这些因素有助于企业更精准地找到相匹配的人才。

② 企业外部　做岗位分析还需要了解企业外部影响因素，比如，岗位发展情况，该岗位在行业中的地位等。具体内容如图 3-4 所示。

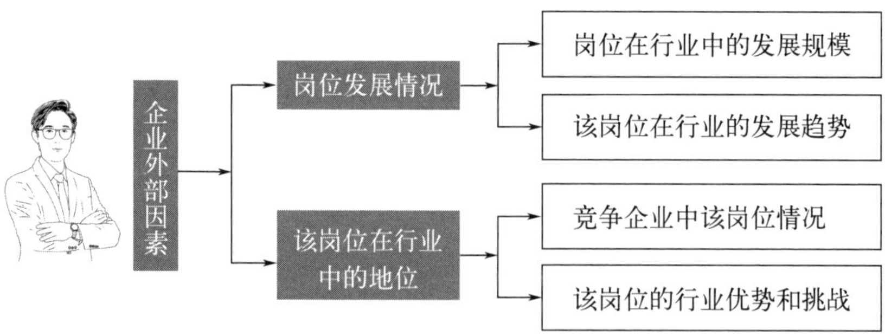

图 3-4　影响岗位分析的企业外部因素

掌握一个岗位在行业内的发展规模与趋势，有助于 HR 对该岗位形成明确的认识，进而对岗位进行优化，使之更贴合行业发展需求及求职者期望。

以同一岗位为例，在行业地位尚未确立、处于初创阶段的企业，与在行业地位显著、已步入成熟期的企业，对求职者的要求存在很大差异。初创企业倾向于寻求具备即刻战斗力的人才，期望招聘到的人员能够成为“开疆拓土”的先锋，引领企业迅速步入正轨；而成熟企业则更注重人才的长期发展潜力，期望招聘到的人才具备足够的潜力，能够稳固并进一步扩大已有的业务版图。

（2）岗位局部：从企业相关到候选人相关

从“企业整体”维度分析完之后，接下来结合具体的“岗位”做进一步分析。说到岗位分析，可以从岗位本身和任职者两个维度入手。

① 岗位本身　与岗位本身相关的分析内容如图 3-5 所示。

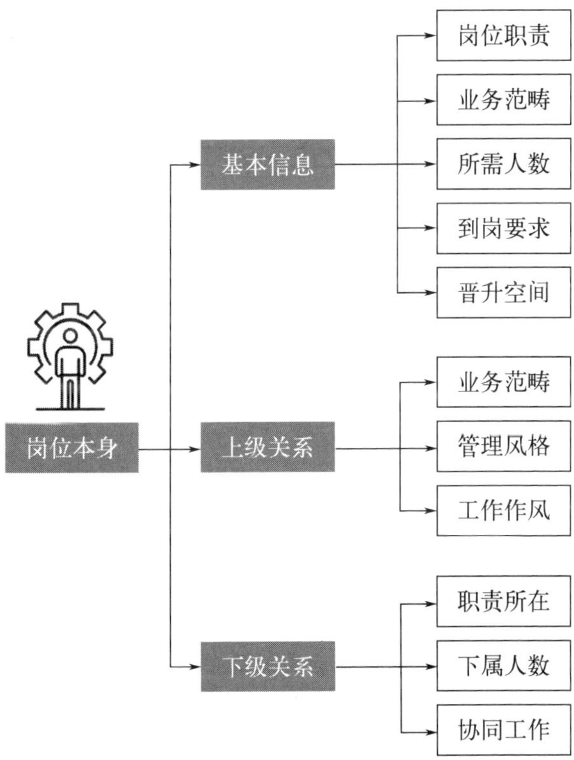

图 3-5　与岗位本身相关的分析内容

通过分析岗位的基本信息、上下级关系等细节，员工们能够最大程度地明确自己的工作目标和预期，评估自己是否适合该岗位，从而实现人岗的最佳匹配。这不仅提升了岗位任职者的执行力和竞争力，而且有助于企业进行人才储备，吸引那些真正对岗位感兴趣且拥有相应技能的人才，进而提高企业整体的人才素质。

② 任职者　与任职者相关的分析内容如图 3-6 所示。

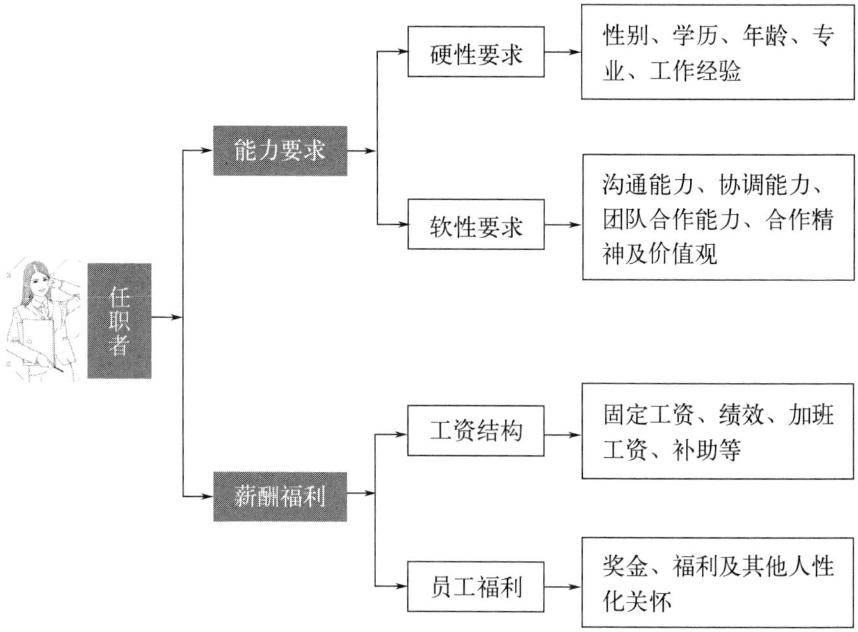

图 3-6　与任职者相关的分析内容

无论学历、年龄等硬性要求，抑或沟通、协调能力等软性要求，均为企业在招聘、选拔任职者时重点考虑的因素。唯有深入理解岗位所需的基本要求，方能有效缩小招聘范围，迅速筛选出合适人选。

综上所述，在进行岗位分析时，必须遵循从“企业整体”到“岗位局部”的原则，让复杂的分析工作条理化、逻辑化。

3.4 人力资源部门主要岗位说明

3.4.1　人力资源总监

人力资源总监是现代企业中最重要、最有价值的顶尖管理岗之一，CEO（首席执行官）的战略伙伴、核心决策层的成员。具体职责如表 3-2 所列。

表 3-2　人力资源总监职责

直接上级：总经理 直接下级：人力资源经理	
职责	1. 制订人力资源招聘计划并组织实施。 2. 制订企业的培训计划，组织实施培训。 3. 引进具有竞争力、公平性的薪酬福利管理体系，组织制定企业的薪酬政策。 4. 组织实施员工绩效考核并负责审查各项考核、培训结果。 5. 审批经人事部核准的过失单和奖励单，并安排执行。 6. 受理员工投诉和员工与企业劳动争议事宜并负责及时解决。 7. 推动各项管理规章制度的建设和完善
任职资格	1. 学历：人力资源、企业管理相关专业大学本科以上。 2. 资历：一般需具备八年以上大中型企业人力资源工作经历，担任五年以上大型企业人力资源总监职务，拥有中级以上职称以及高级人力资源管理师职业资格证书。 3. 专业：有先进的人力资源管理理念，掌握系统的人力资源管理理论，熟悉人力资源各个模块并能熟练操作。 4. 领导力：熟悉相关政策、法规，了解人力资源管理发展的趋势，具备较强的洞察力、战略意识，以及领导和激励他人一起完成目标的影响力。 5. 其他：具备较强的工作责任心、敏锐的观察能力、良好的心理承受能力及心理调节能力

3.4.2 人力资源经理

人力资源经理是人力资源部门不可缺少的岗位，主要负责策划、指导和协调机构的人事活动，确保人力资源得到合理利用，同时负责管理理赔、制定人事策略和招聘。具体岗位职责如表 3-3 所列。

表 3-3 人力资源经理职责

<table>
<tr><td colspan="2">直接上级：人力资源总监
直接下级：人力资源助理、招聘主管、培训主管、绩效考核主管、薪酬福利主管、劳动关系主管</td></tr>
<tr><td>职责</td><td>1. 参与制订人力资源战略规划，为重大人事决策提供建议和信息支持。
2. 组织制定、执行企业人事管理制度，并监督其执行情况。
3. 协助人力资源总监编制相应的岗位说明书，并根据企业岗位调整需要进行相应的变更，保证岗位说明书与实际相符。
4. 根据部门人员需求情况，提出内部人员调配方案（包括人员内部调入和调出），经上级领导审批后实施，促进人员的优化配置。
5. 制订招聘计划、招聘程序，进行初步面试与筛选，做好各部门间的协调工作等。
6. 根据企业对绩效管理的要求，制定评价政策，组织实施绩效管理，并对各部门绩效评价过程进行监督控制，及时解决其中出现的问题，使绩效评价体系能够落到实处。
7. 制定薪酬政策和晋升政策，组织提薪评审和晋升评审；制定企业福利政策，为员工办理社会保险福利。
8. 配合人力资源总监做好各种职系人员发展体系的建立工作，做好人员发展的日常管理工作。组织员工岗前培训、协助员工办理培训进修手续</td></tr>
<tr><td>任职资格</td><td>1. 学历：人力资源、管理或相关专业大学本科以上学历。
2. 资历：五年以上人力资源管理相关工作经验。
3. 专业：接受过现代人力资源管理技术、劳动法规、财务会计知识和管理能力开发等方面的培训。
4. 实战能力：对企业人力资源管理有系统的了解和实践经验积累，在人力资源战略规划、人才的发现与引进、薪酬设计、绩效考核、岗位培训、福利待遇管理、企业制度建设、组织与人员调整、员工职业生涯设计等方面具有丰富的实践经验；对人力资源管理事务性的工作有娴熟的处理技巧，熟悉人事工作流程；熟悉国家、地区及企业关于合同管理、薪金制度、用人机制、保险福利待遇和培训的制度方针；熟练使用办公软件及相关的人事管理软件。
5. 其他：对人及组织变化敏感，具有很强的沟通、协调和推进能力；拥有高度的敬业精神及高涨的工作激情，能接受高强度的工作，工作态度积极乐观；善于与各类性格的人交往，待人公平</td></tr>
</table>

3.4.3　人力资源助理

人力资源助理负责管理各类人事资料，办理人事相关手续，协助招聘、培训、薪酬福利管理等各项工作。具体岗位职责如表 3-4 所列。

表 3-4　人力资源助理职责

直接上级：人力资源经理	
职责	1. 协助上级组织并执行企业的培训和绩效评价工作、做好后勤保障工作，例如收集审核各类表格、表单。 2. 协助上级做好招聘与任用的具体事务，包括发放招聘启事、收集和汇总应聘资料、安排面试人员、跟踪落实面试人员的情况等。 3. 协助计算员工薪资、福利，参与薪酬与福利调查。 4. 管理员工信息资料及各类人事资料。 5. 办理人事招聘、人才引进、内部调动、解聘、退休、接纳和转移保险、公积金缴纳等的相关手续。 6. 办理各类职称评定。 7. 办理劳动年检。 8. 执行各项企业规章制度，处理员工奖惩事宜
任职资格	1. 人力资源、劳动经济、心理学、管理学等相关专业大学本科以上学历。 2. 接受过现代人力资源管理技术、劳动法律法规等方面的培训。 3. 两年以上人力资源工作经验。 4. 熟悉国家相关法律法规，熟悉人力资源管理各项实务的操作流程，人力资源管理理论基础扎实，熟练使用相关办公软件。 5. 办事沉稳，思维活跃，有较强的学习能力、良好的团队合作意识和独立处理事务的能力

第4章

人岗配置流程：只有人岗匹配，才能人尽其才

人岗配置是依据岗位分析，对岗位进行设定或调整的过程。此过程对员工是否能在岗位上充分施展其才能，以及他们对工作的满意度具有重要影响。岗位的存在必须基于实际需求，确保其职能既符合企业发展之需，又能激发员工的潜力和工作热情。

然而，人岗配置又不是随意的，它必须基于企业实际的业务需求和战略目标，综合考虑岗位的职责、所需技能、工作环境以及员工的个人职业发展规划等因素。通过精确的岗位分析，企业能够更清晰地了解每个岗位的具体要求，从而为员工提供更加精准的岗位匹配方案。

4.1

什么是人岗配置

人岗配置，又称为人力资源配置，是指 HR 根据企业战略目标、业务需求，增加新岗位或重新设定已有岗位功能，以实现人岗匹配的过程。将合适的任职者安排在合适的岗位上，能最大化地激发他们的才能和潜力，促使其在工作中发挥更加积极的作用。

案例 1

为了激发员工的工作热情，某公司对所有岗位进行了优化调整，确保每位员工都能被安排在最能发挥其专业技能的岗位上，实现工作效能最大化。

特别是在公司的核心部门——研发部门，汇集了生物科学、医学和数据科学等众多领域的专家。公司首先依据每位员工的研究兴趣、专业技能、个人优势以及职业发展目标，设立了相应的岗位，例如基因编辑工程师、新产品开发专员、疾病预测模型分析师等相关岗位。这种精准的人岗匹配，让每位员工能在自己擅长和热爱的领域中发挥所长。

此外，公司还积极倡导跨部门、跨学科的团队合作，以促进不同领域人才的交流与合作。这不仅为各部门提供了跨学科学习和全面交流的机会，丰富了员工的知识储备，拓宽了员工的思维视野，也为研究工作注入了新的创新活力。例如，基因编辑项目组的一位生物学专家，在深入了解大数据后，提出了将基因编辑技术与大数据分析相结合的新研究课题。这一创新不仅极大地推动了公司的项目创新，也为其个人职业发展开辟了新的道路。

通过这样的岗位配置，该公司不仅留住了人才，还激发了人才的创新潜力。这个案例充分证明，合理的人岗配置是激发员工工作积极性和创新性的重要策略。

人岗配置是一门技术，要求 HR 不仅要考虑到员工的能力、职业发展路径，还要结合人才的独特需求和企业的整体效益全面考量，实现企业各人才资源的优势互补。

需要注意的是，在进行人岗配置过程中，通常会受到四个因素的影响。具体内容如表 4-1 所列。

表 4-1　影响人岗配置的四个因素

因素	具体内容
企业战略目标	人岗配置必须与企业的战略目标保持一致。换言之，企业现有的每一个岗位都要能助力企业的长期发展。这要求人力资源部门对岗位进行详尽的分析与评估，确保岗位设置的灵活性与适应性，以便更有效地应对企业内外部的变化和业务需求
工作性质	一个岗位是否有必要存在，其根本判断标准在于是否有相应的工作需求。若工作需求存在，则应设立该岗位；反之，则无须设置。例如：当企业处于扩大产品市场占有率的阶段时，可以考虑增设销售或市场推广的岗位；而当企业的核心焦点在于产品研发和生产时，则应增加和优化研发岗位
员工能力	员工能力在人岗配置中扮演重要角色，HR 应深入了解每位员工的专长、优势及职业发展意向，尽可能为他们匹配最适合的位置。这样，既可提升他们的工作效率，也有助于提高他们对工作的满意度、对企业的忠诚度
市场变化	面对市场发展需求的持续变化，岗位的职责与功能可能需要不断进行调整。因此，企业必须构建动态的岗位管理机制，以便更有效地应对市场变化和行业需求

4.2 人力资源部门常见岗位

在现代企业中，人力资源部门扮演着至关重要的角色。不仅负责招聘、培训和发展员工，还负责与之相关的绩效考核、薪酬福利管理工作。

所以，人力资源部门常会设置多个细分岗位，每个岗位由专人负责。例如，负责招聘工作的 HR 是招聘 HR，负责员工培训工作的 HR 是培训 HR，负责薪酬福利管理工作的 HR 是薪酬福利 HR，等等。这些岗位共同构成了人力资源部门的组织架构。

人力资源部门常见岗位如图 4-1 所示。

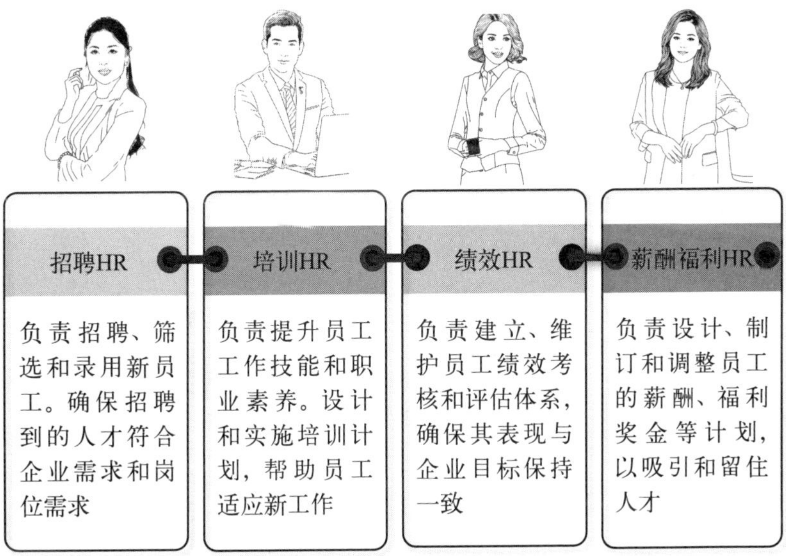

图 4-1　人力资源部门常见的岗位

每个岗位都在人力资源管理的不同层面发挥着至关重要的作用，共同构建了一个全面、高效的人力资源管理体系，为企业的长期发展提供坚实的人力支持。

4.3 人力资源部门岗位职能分工

4.3.1 招聘 HR

人力资源的工作是围绕“人才资源”展开的，因此，在岗位设置上也必须以“人”为中心。具体涉及人才的“选育留用”，除了“使用”环节需要用人部门重点落实外，其他三个环节都是由人力资源部门内部完成的。这些环节的工作分配到各个岗位上，就构成了岗位的职责和功能。

其中，招聘 HR 是人力资源岗中一个非常关键的岗位，其职能是“选人”，如图 4-2 所示。人才选择得正确与否，是否适合企业的发展需求，直接关系到企业的发展和命运。

图 4-2　招聘 HR 的职责

职责对应的是工作任务，有什么样的职责，就需要负责相应的工作任务。

招聘 HR 负责的具体工作任务如图 4-3 所示。

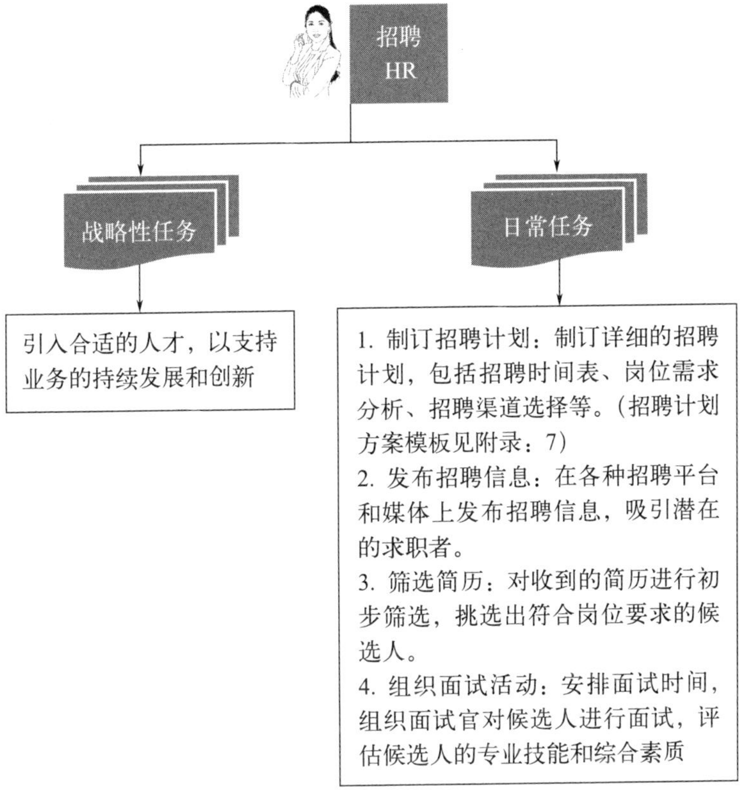

图 4-3　招聘 HR 负责的具体工作任务

4.3.2　培训 HR

招聘到合适的人，对他们进行培训是人力资源部门的另一项工作。其中，负责员工培训的人员，又叫培训 HR，其主要职责是“育人”。培训 HR 的职责包括设计培训内容、联络培训师、监督培训计划的实施效果等，以确保被培训员工能够获得必要知识、技能，从而适应不断变化的工作环境和业务需求。

培训 HR 的职责如图 4-4 所示。

图 4-4　培训 HR 的职责

培训 HR 负责的具体工作任务如图 4-5 所示。

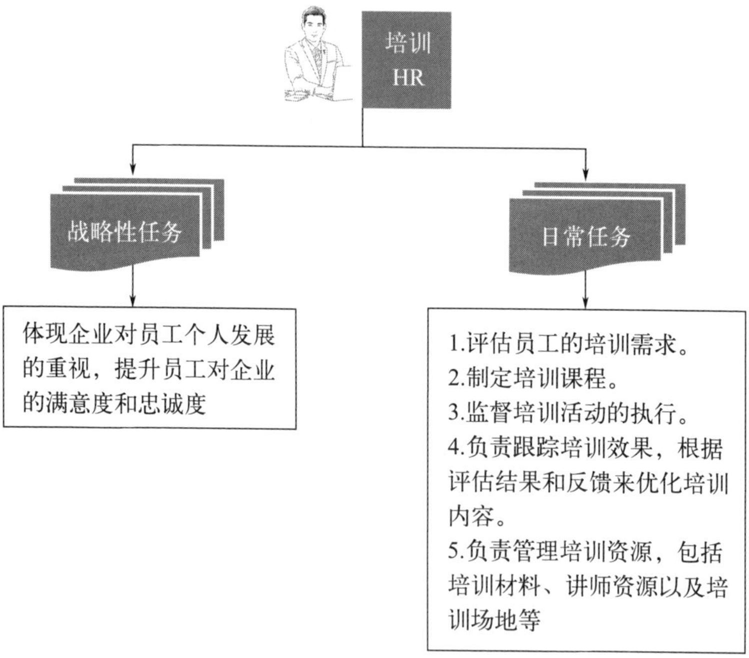

图 4-5　培训 HR 负责的具体工作任务

4.3.3　薪酬福利 HR

薪酬福利 HR 的主要职责是确保企业能够提供具有竞争力的薪酬和福利计划，以吸引和留住人才，从根本上解决“留人难”的问题。

薪酬福利 HR 的职责如图 4-6 所示。

图 4-6　薪酬福利 HR 的职责

薪酬福利 HR 负责的具体工作任务如图 4-7 所示。

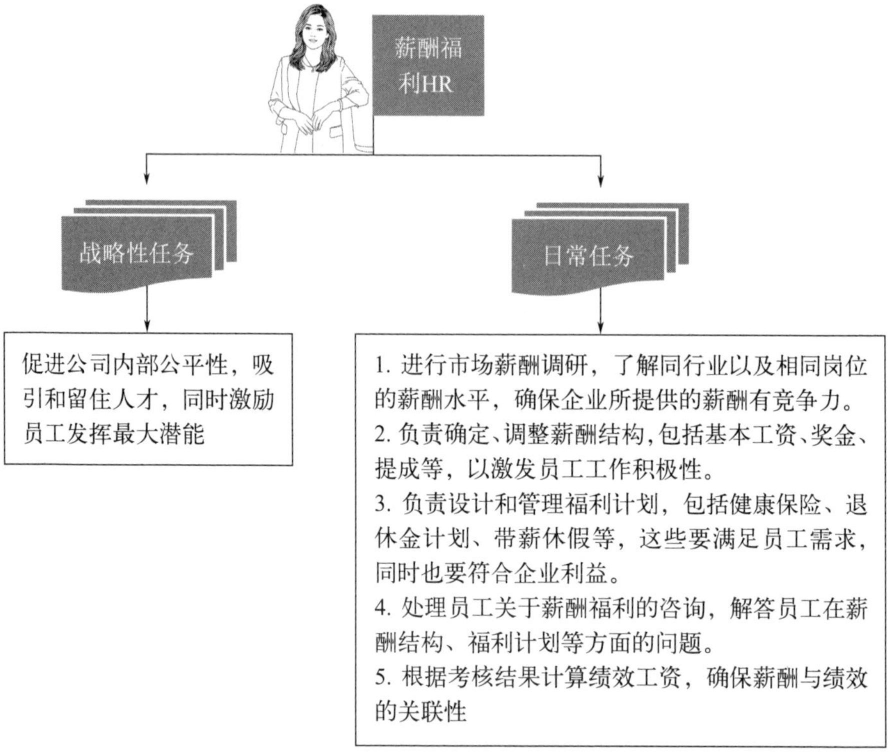

图 4-7　薪酬福利 HR 负责的具体工作任务

4.3.4　绩效 HR

在“留人”的措施上，除了提供有竞争力的薪酬、福利外，还有一个重要的手段，便是绩效激励。这就涉及人力资源部门的一个重要职能：绩效管理。绩效管理由绩效 HR 执行，绩效 HR 是人力资源部门的重要岗位之一，它涉及对员工工作表现的评估、监控和提升。

绩效 HR 的职责如图 4-8 所示。

图 4-8　绩效 HR 的职责

绩效 HR 负责的具体工作任务如图 4-9 所示。

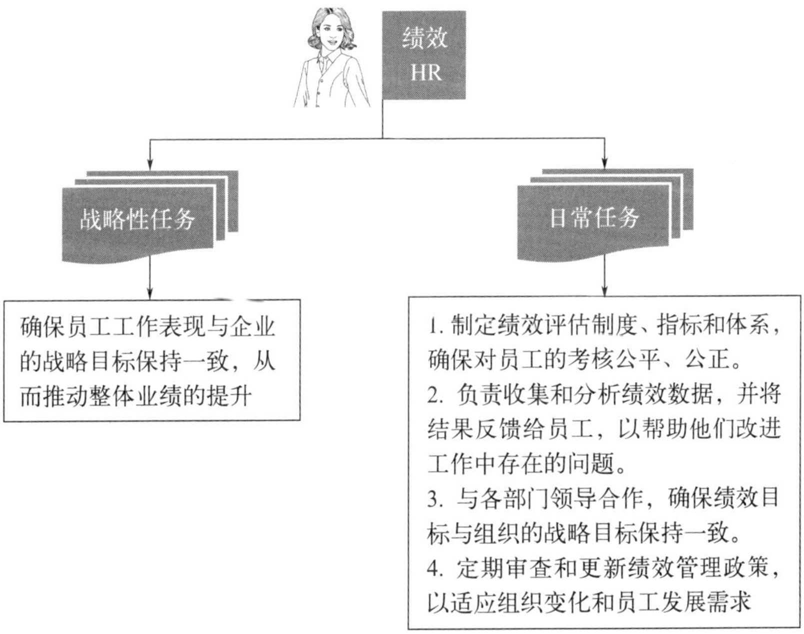

图 4-9　绩效 HR 负责的具体工作任务

4.4

人力资源部门岗位设置的流程

人力资源部门的岗位配置与企业的组织架构紧密相关，不同的组织架构需要设立不同的岗位，且在同一种组织架构模式下，对岗位配置的要求也存在显著差异。

岗位配置的合理性直接关系到人力资源部门乃至整个企业运营管理的质量与效率。因此，HR 在进行岗位配置时，必须遵循既定流程，并确保每个步骤都经过充分的论证，以保证所作出的每一项决策都有充分的依据，与实际情况相符。

人力资源部门岗位设置流程示意图如图 4-10 所示。

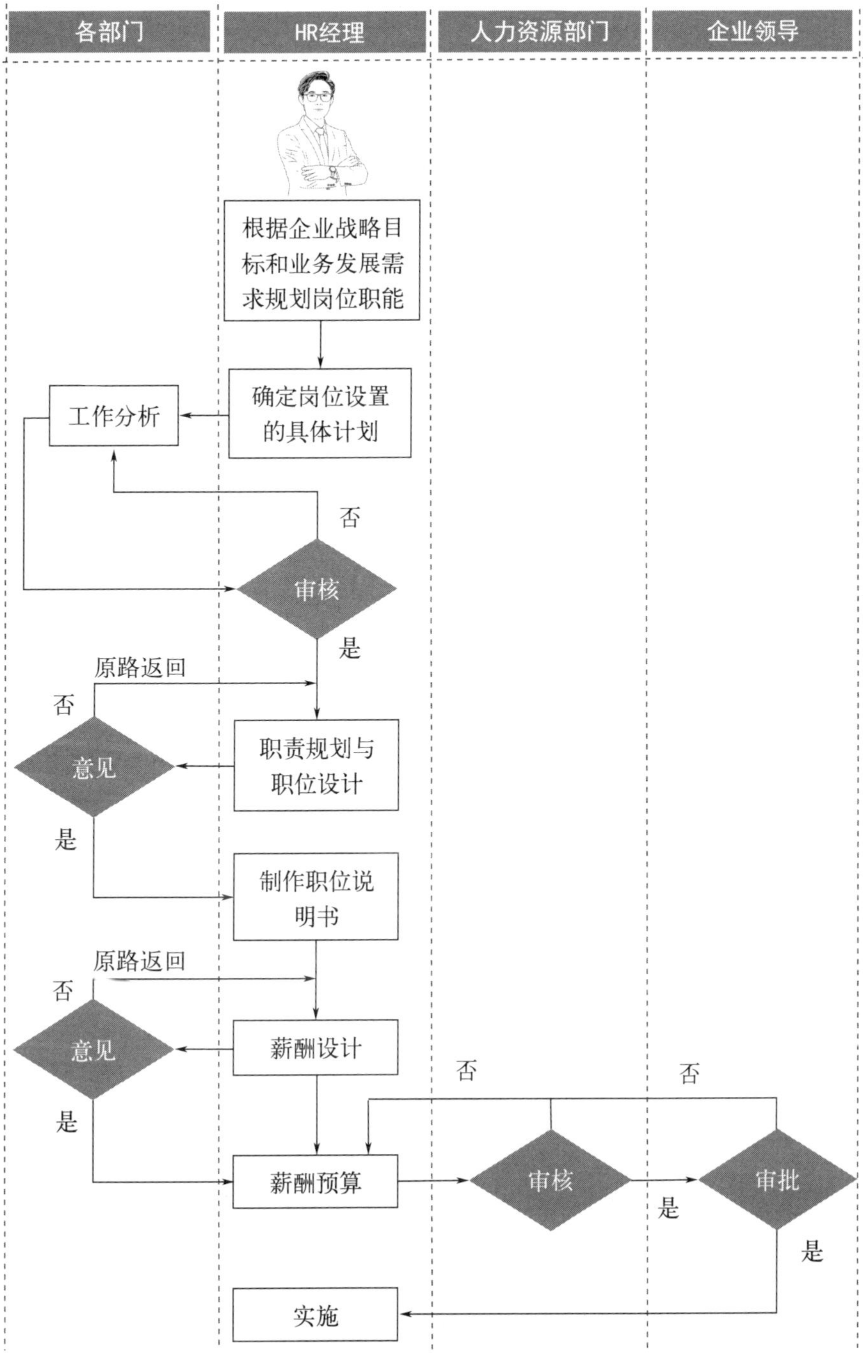

图 4–10　人力资源部门岗位设置流程示意图

第5章

人才招聘流程：规范招聘活动，提升人才质量

招聘活动的科学性和合理性，以及其是否满足企业需求，直接关系到所招聘的人才质量。众多企业在进行招聘时，往往缺乏周密的计划、明确的标准与流程，有些企业对招聘的理解非常片面，认为招聘就是简单的招来人即可。

由于以上种种原因，很多企业招聘到的人与岗位需求不匹配，或者即便招募到了优秀人才也很难留住。而通过实施规范化招聘流程，可以大大改善这些情况，不仅能让企业吸引到多样化的人才，还能缩短招聘周期，降低招聘成本，并提高人才留存率。

5.1 建立和规范招聘流程

5.1.1　建立和规范招聘流程的必要性

招聘是人力资源管理中做得最频繁的工作之一，然而，很多企业的招聘是低效，甚至无效的。不但导致企业错失人才，还会造成企业资源的大量浪费。在激烈的市场竞争中，每个企业对人才都十分渴望，而大部分人才都需要通过社会招聘获得。如果招聘这条路被堵死了，那么，企业的人才战略将无从谈起。

企业低效或无效的招聘体现在流程不规范上。因此，对于 HR 而言，建立科学、系统的招聘流程十分重要。包括明确招聘目标，制订招聘计划，以及利用各种招聘工具和技术（如人才测评工具、社交媒体等）等。同时，还要重视招聘结束后的沟通和反馈环节，以提升应聘者对企业或岗位的满意度。

建立和规范招聘流程的作用如图 5-1 所示。

图 5-1　建立和规范招聘流程的作用

（1）确保招聘目标的明确

建立和规范招聘流程能够确保所有招聘活动均围绕既定的招聘目标展开。例如，在发布招聘岗位时，人力资源部门会明确界定岗位职责、应聘者资格以及期望条件。有了明确的流程，标准才能贯穿于人员初选及最终录用的各个阶段，以确保最终选定的人员始终符合既定标准。

（2）确保招聘过程公开、透明

建立和规范招聘流程能够确保招聘过程的公开性和透明度。通过实施标准化流程，所有应聘者都接受统一的评估，从而消除招聘过程中可能存在的主观偏见。这不仅有利于在更广泛的范围内选拔杰出人才，而且有助于提升企业的社会形象和声誉。

（3）实现招聘决策的数据化

建立和规范招聘流程将产生大量数据，这些数据有助于企业在未来的招聘活动中做出更为明智的决策。比如：通过对数据的分析，企业能更深入地理解招聘过程，总结经验教训，识别潜在问题；更准确地评估候选人的能力和潜力，减少人为偏见，从而做出更为客观的招聘决策，提高招聘效率。这些数据帮助企业跟踪和评估招聘渠道的有效性，优化招聘策略，降低招聘成本。

（4）促进招聘优秀经验的传承

建立和规范招聘流程同样有助于成功招聘经验的长期传承。经验是可以传授的，但其传授必须建立在完善的流程之上，确保新加入的招聘人员能够迅速学习并应用，从而为企业的持续发展提供稳定的人才支持。

总之，招聘不是一项孤立的活动，它与企业战略目标是紧密相连的。HR 必须高度重视招聘活动的流程化管理，只有把流程建立起来，才能实现标准化、系统化，才能确保吸引、选拔到最优秀的人才。

5.1.2 招聘活动的总流程

为了更有效地组织招聘活动，我们在对前述步骤进行总结的基础上，绘制了一幅招聘活动总流程图，如图 5-2 所示。

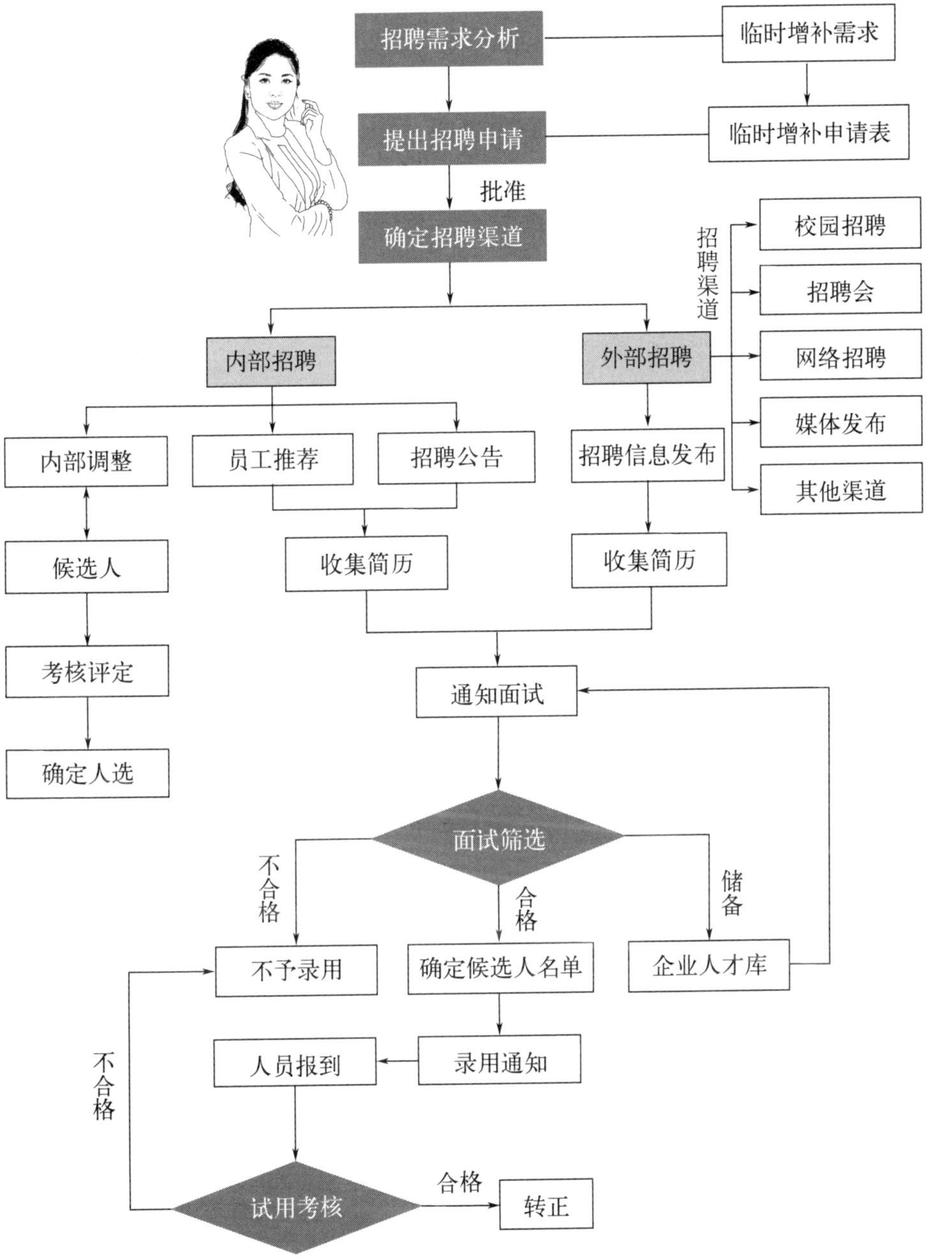

图 5-2　招聘活动总流程图

5.2 不同形式招聘活动的特殊流程

招聘流程既包括一般性的总流程，也包括针对不同招聘形式的子流程，如内部招聘、校园招聘以及线上招聘等，由于这些招聘形式具有差异性，它们的流程也各不相同，各自拥有独特的子流程。一般性的总流程为整个招聘活动提供结构性的指导，而子流程则主要是辅助招聘活动实际执行。

5.2.1 校园招聘流程

校园招聘作为企业选拔优秀人才的关键渠道，一直受到广泛关注。每至毕业季，众多企业均会提前筹备，推出一系列具有吸引力的招聘政策和福利待遇。例如，丰厚的薪酬、广阔的职业发展空间以及光明的职业前景，旨在吸引优秀的应届毕业生。

在这一过程中，企业通常会举办专门的招聘会，以便毕业生更深入地了解岗位需求和企业文化。在正式开展校园招聘活动之前，HR 需要制定周密的招聘流程。

校园招聘流程图如图 5-3 所示。

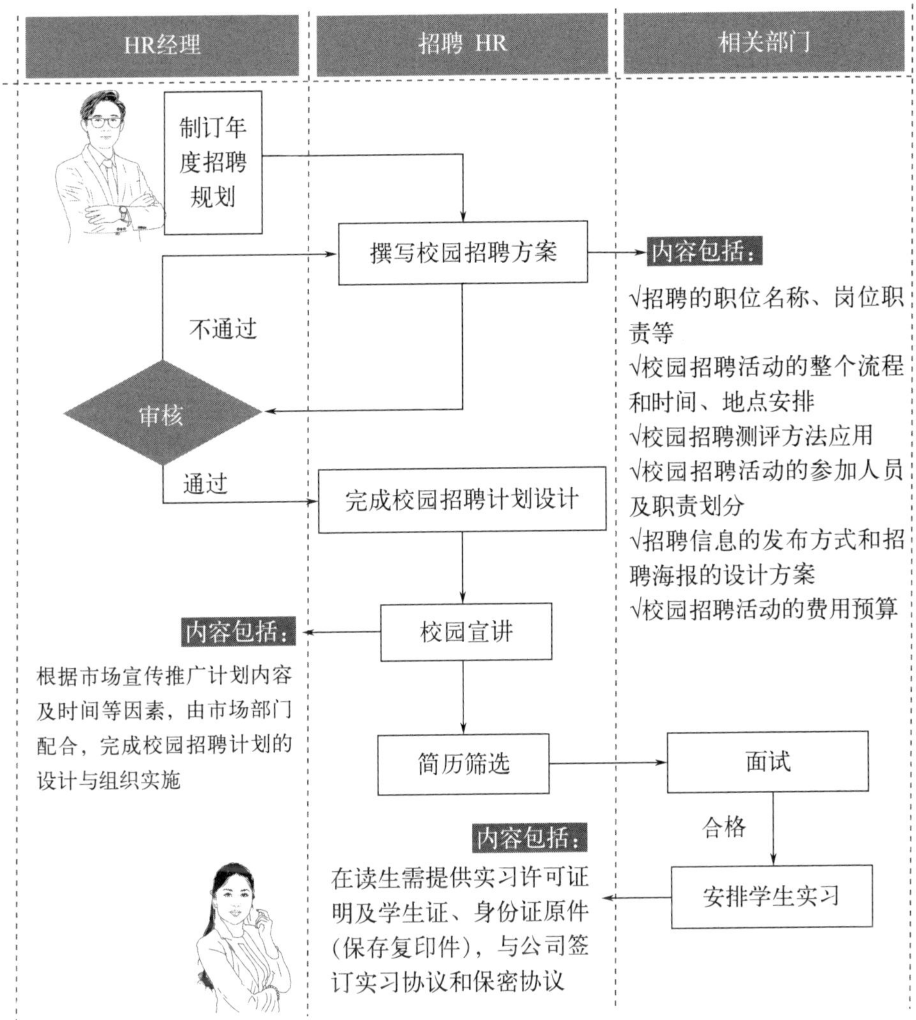

图 5-3　校园招聘流程图

5.2.2　内部招聘流程

内部招聘时不仅能够节省企业招聘成本，还能够激发员工的积极性与竞争力。然而，要想实现内部招聘的高效与公平，企业必须有一套完善的内部招聘流程。

内部招聘流程图如图 5-4 所示。

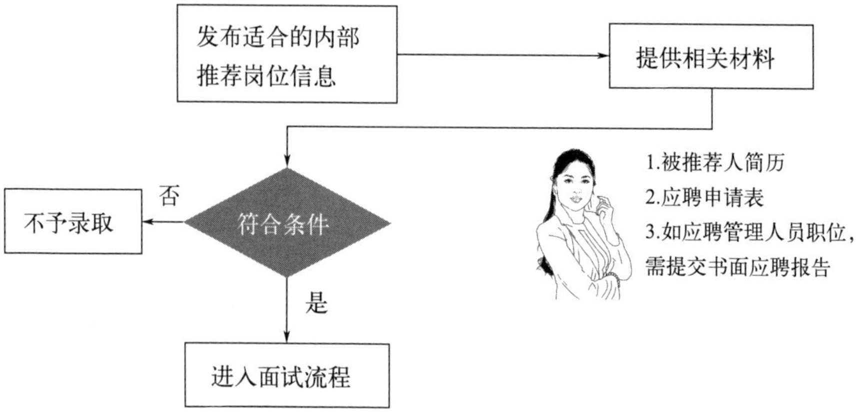

1. 本公司所有内部员工推荐的候选人，均须遵循相关管理制度的规定。
2. 推荐人在推荐过程中应持以认真负责的态度，仔细撰写书面推荐意见，确保各项评价内容的真实性与客观性。若推荐过程中出现任何虚假行为，推荐人将承担相应的连带责任。
3. 内部推荐的候选人应依照公司规定的招聘流程进行，人力资源部将根据公司整体用人需求组织相应的考察、测试及调配工作。推荐人应尊重公司的考察结果及最终人员安排，不得进行任何干涉。

图 5-4　内部招聘流程图

5.2.3　线上招聘流程

随着互联网和线上招聘平台的普及，线上招聘已经成为企业招聘最重要的形式。那么，HR 如何组织一场线上招聘会呢？可以按照图 5-5 所示的流程进行。

需要注意的是，企业在进行线上招聘时应准备相应的技术支持，确保网络稳定性和视频会议质量，并在活动结束后，从平台上调取关键数据，进行分析和总结，以优化未来的招聘策略。

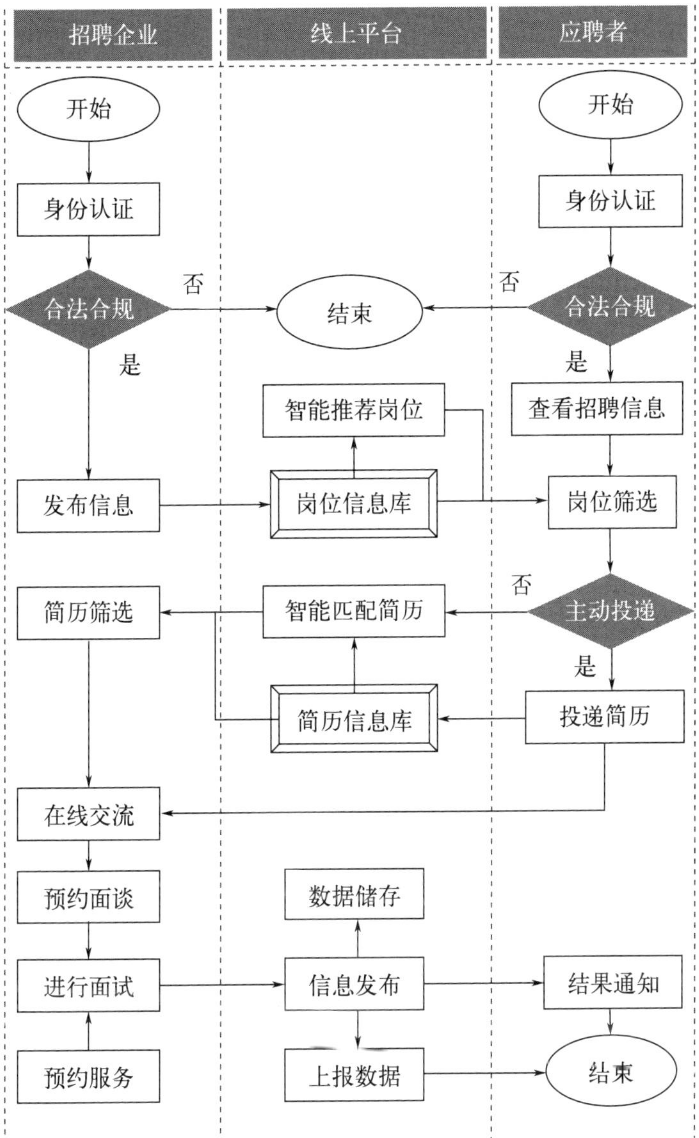

图 5-5　线上招聘流程图

5.2.4　临时人员招聘流程

在业务扩展或项目增加的情况下，企业有时需要招募临时人员。对于这些非正式员工的招聘，企业通常会有特定的规章制度，因为他们虽然不是企业的正式员工，却与企业有着密切的联系。在招聘过程中，必须妥善处理这种特殊关系。

临时人员招聘流程图如图 5-6 所示。

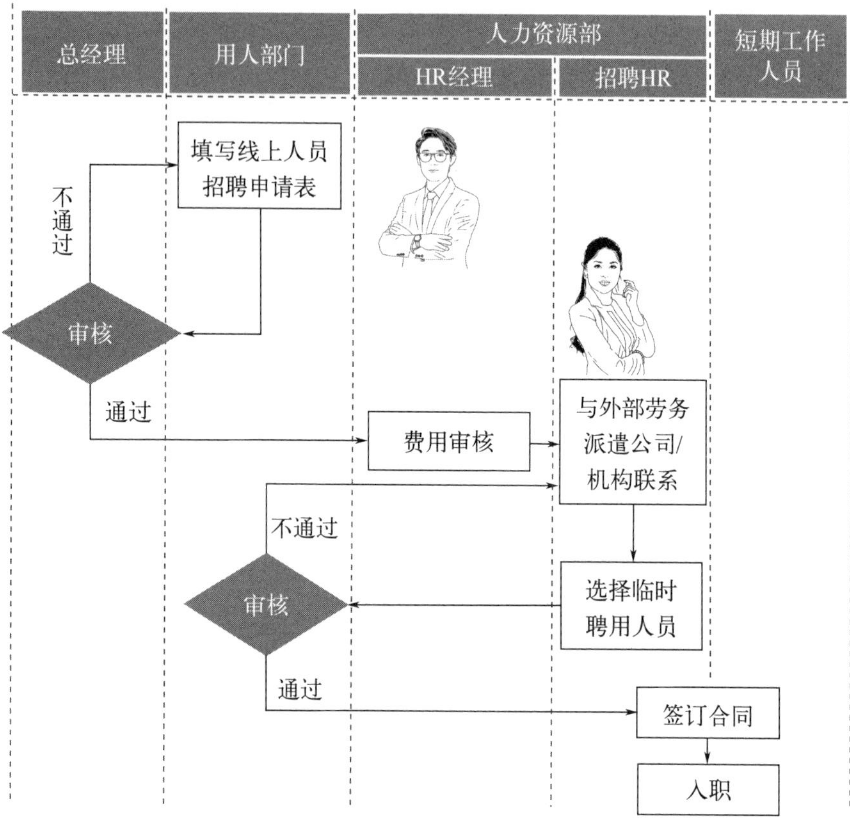

图 5-6　临时人员招聘流程图

5.3 组织一场招聘活动的流程详解

在建立和规范招聘流程的基础之上，如何组织一场招聘活动呢？HR 可以遵循以下 6 个步骤。

5.3.1　步骤 1：企业招聘需求分析

组织招聘活动的第一个步骤是进行招聘需求分析，这是确保招聘流程切实有效的基础。招聘需求分析，在整个招聘活动中扮演着至关重要的角色，它犹如一座灯塔，指引着企业正确、有效地进行人才搜寻。

招聘需求分析对招聘活动的意义，如图 5-7 所示。

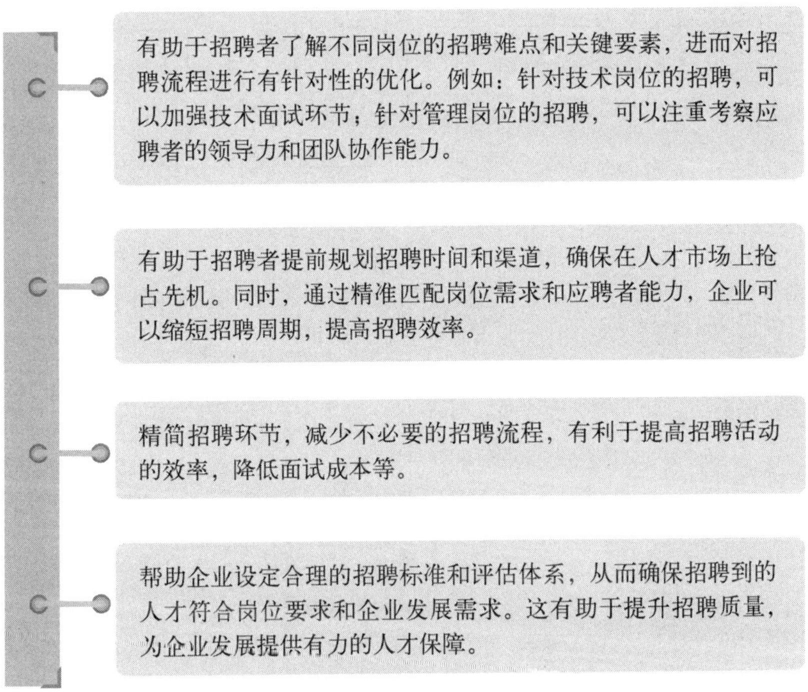

图 5-7　招聘需求分析对招聘活动的意义

所以，HR 必须重视招聘需求分析工作，并不断优化分析结果，确保分析的客观性、精准性和前瞻性。那么，如何进行招聘需求分析呢？需要充分了解企业招聘需求分析的流程和三个组成部分。

招聘需求分析有十五个流程，具体如图 5-8 所示。

流程环节	部门（岗位）	工作内容	工作依据
工作分析	用人部门	分析部门工作，确定所需岗位、人数、工作内容、任职要求等	公司与部门目标、职责，人力资源总体规划，部门人力资源现状
拟定用人需求	用人部门	填写人员需求预测表、招聘计划表、招聘申请书，并交人力资源部门（模板见附录：8、9）	工作分析结果、薪酬福利制度
审核用人需求	人力资源部门	审核用人需求的必要性、准确性、合理性及表格填写的规范性	人力资源总体规划、定岗定编制度、工作分析结果、薪酬福利制度
审批	企业负责人或授权人	审核部门负责人以上人员的用人需求	
渠道选择	用人部门	用人需求分析、渠道优劣势分析	岗位的性质和需求
核定计划招聘费用	人力资源部门负责人	核定计划内或计划外的招聘费用	人员需求统计表
分析招募渠道	人力资源部门招聘HR	分析渠道与方式的优劣势，择优选择	对各种渠道有详细的了解

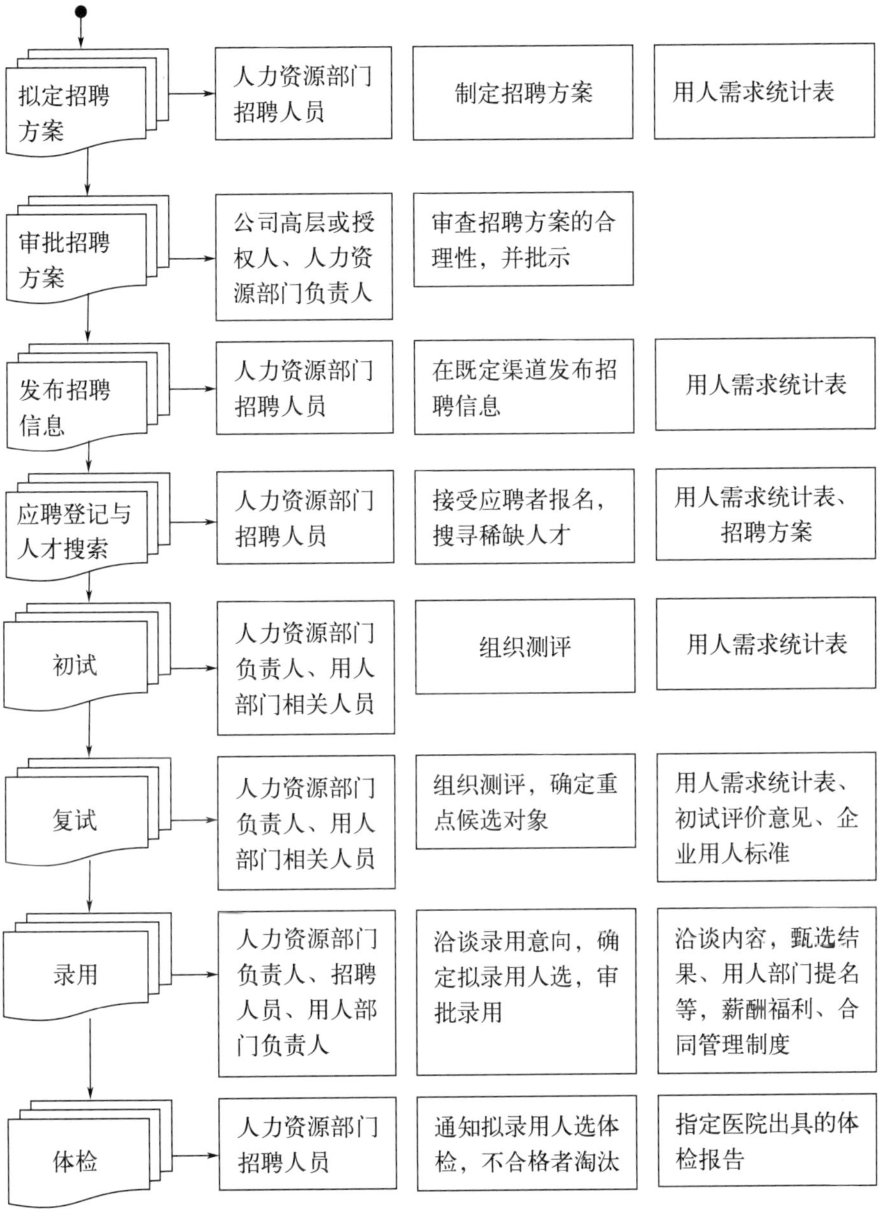

图 5-8　招聘需求分析的 15 个流程

招聘需求分析的三个组成部分如图 5-9 所示。

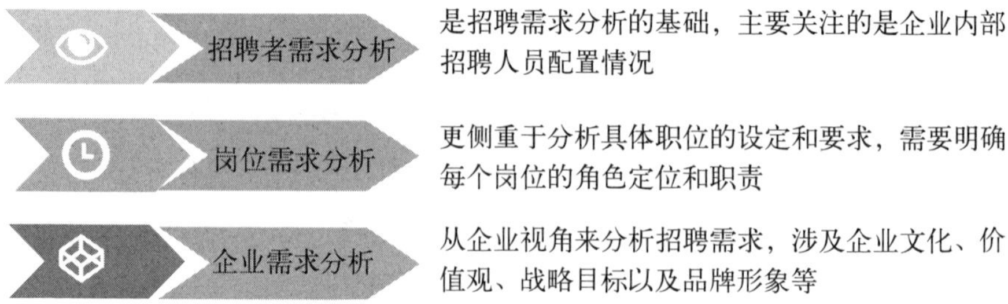

图 5-9　招聘需求分析的三个组成部分

（1）招聘者需求分析

招聘者需求分析是招聘需求分析的基础，即分析负责招聘活动的招聘人员，包括这部分人的工作表现、技能水平、招聘技巧等。如果现有人员无法满足实际需求，或者在质量上（如技能、经验）无法达到预期标准，就需要进行外部聘请或通过其他途径加以补充。

（2）岗位需求分析

岗位需求分析侧重于对某个具体岗位的分析，包括该岗位自身的需求、在企业中的定位、履行的职责、对任职者的要求等。同时，也要考虑该岗位和其他岗位的关系，例如，该岗位是否需要与其他团队或部门的岗位协作配合，这可能会影响到考察应聘者的侧重点，即需考察应聘者是否具备良好的团队协作能力或特定的行业知识。

（3）企业需求分析

这是从企业的整体视角来分析招聘需求，涉及企业文化、价值观、战略目标以及品牌形象等多方面因素。例如，企业可能希望招聘那些能适应并促进其企业文化建设的候选人，或者寻找与企业价值观一致的员工，以确保新员工能够融入企业，共同推动企业的发展。

5.3.2　步骤 2：向上级提出申请

HR 在启动一项招聘活动前，需要准备一份详尽的计划书，并向上级提出申请，征得同意后方可开始。招聘计划是高效招聘的基础。

招聘计划至少要包括图 5-10 所示的四个方面的内容。

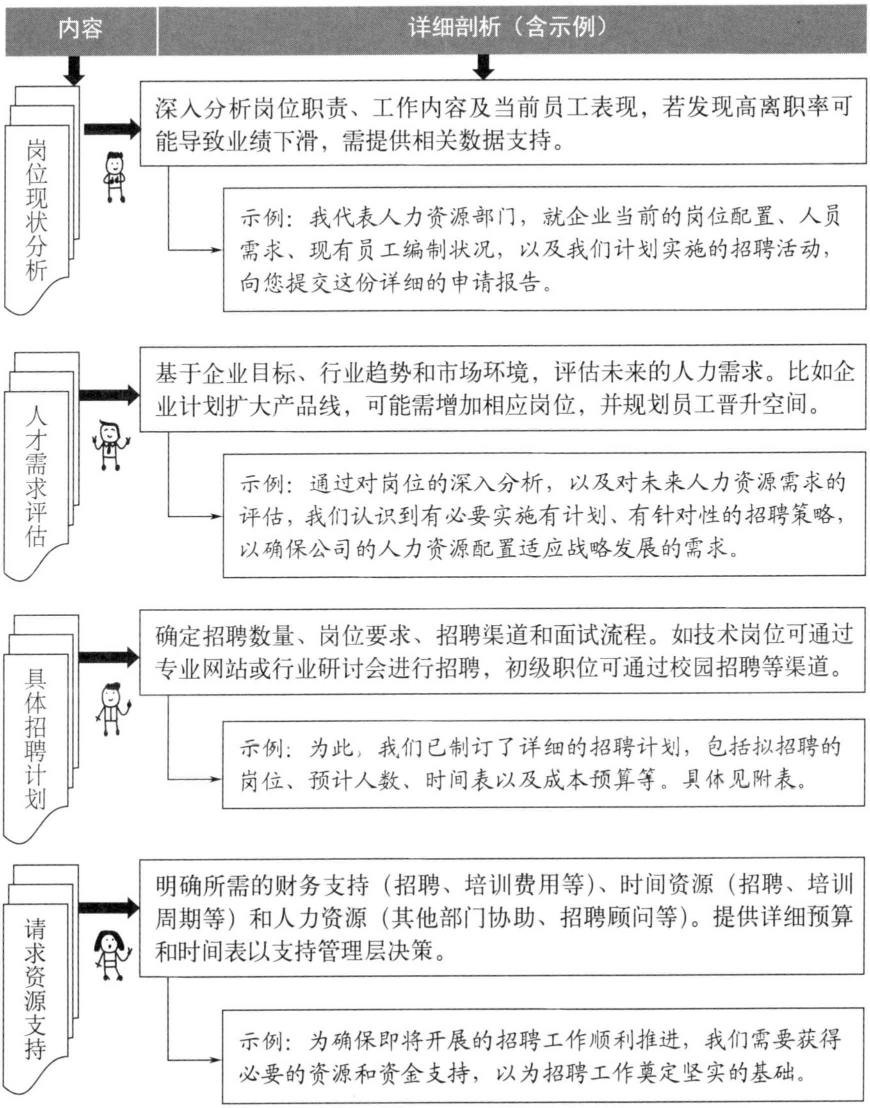

图 5-10　招聘计划应包括的四方面内容

5.3.3 步骤 3：精心设计各个环节

一个经过精心策划的招聘活动，各个环节，环环相套，相辅相成，不仅有助于招聘者高效地执行招聘计划，精准地吸引到合适的人才，而且还能够向潜在人才展示企业的良好形象，给其留下深刻而积极的印象。

一个完整的招聘活动通常包括图 5-11 所示的环节。

图 5-11　完整的招聘活动包括的六个环节

（1）需求识别

对空缺岗位进行深入分析，详细撰写职责描述，包括但不限于对任职者技能、经验、教育背景及其他资格的要求，旨在为应聘者提供便利，便于其投放简历。

（2）发布招聘信息

通过多种招聘渠道，例如招聘网站、社交媒体平台、校园招聘会及内部推荐等，广泛发布招聘信息，以吸引更多潜在应聘者的关注。

（3）筛选简历

对收到的简历进行细致审查，评估应聘者的材料与空缺岗位的匹配度，初步筛选出符合要求的候选人。

（4）面试

通过电话、面对面交流、技能测试等多种面试形式，对初步筛选合格的应聘者进行面试，以验证其资料的真实性。

（5）录用

综合面试结果，确定最终人选，并向其发出正式的入职邀请。

（6）入职

为新入职员工安排入职，并进行相应培训，帮助他们快速融入企业，熟悉新的岗位和工作环境。

招聘流程的每个环节都是至关重要的，它们共同确保了 HR 能否组织一场高质量的招聘活动，并为企业选拔到最合适的人才。

5.3.4　步骤 4：确定招聘渠道

选择正确的招聘渠道是开展招聘活动，并达成预期目标的重要保证。目前，企业招聘常用的渠道有六个，如图 5-12 所示。

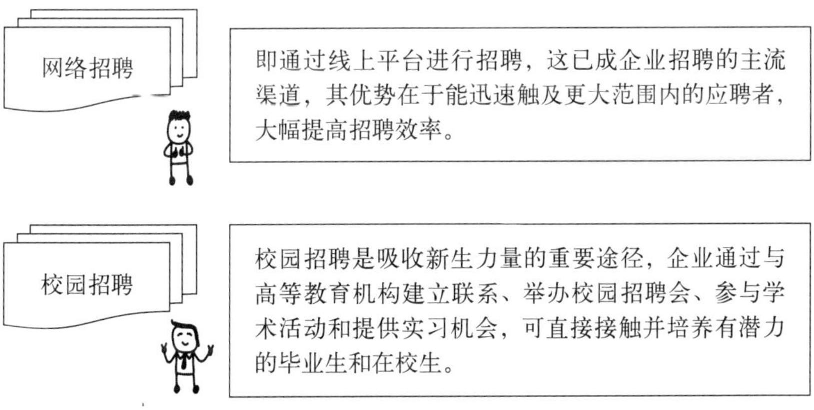

图 5-12

图 5-12　企业招聘常用的六个渠道

尽管我们在上面介绍了多种招聘渠道，但具体到某个企业，不必追求面面俱到，撒网式地发布招聘信息效果往往不好。要根据实际需求灵活选择。

比如，对于高级管理岗位，通常推荐采用更为专业且针对性强的渠道，如行业专业招聘网站、猎头服务，或内部员工推荐。这些方法能有效接触并吸引行业内的顶尖人才，提高选到合适人选的概率。

对于需要特定技术技能的岗位，可以在技术论坛、专业社区、GitHub 等平台发布招聘信息，并同步于知名招聘网站。这些渠道聚集了大量技术人才，有助于提升招聘效率。

而对于广泛适用的普通岗位，可以利用社交媒体、公司官方网站、主流招聘网站，甚至校园招聘等多元化渠道。这些方式覆盖的求职者群体广泛，能吸引初级人才和应届毕业生等多样化的应聘者。

5.3.5　步骤 5：面试评估

面试作为招聘过程中的核心环节，其重要性不言而喻。只有通过精心设计的面试流程，才能确保选拔出真正符合岗位要求的优秀人才。图 5-13 为面试流程的详细说明。

预备阶段	阅读候选人简历，根据职位需求制定面试问题，以评估其专业能力、解决问题的技巧、团队合作能力和工作热情。
开始面试	向候选人介绍公司文化、岗位职责和团队情况，然后开始提问，让他们描述工作经验、处理困难的方式以及在特定领域的技能。
行为面试	运用STAR（situation：情境；task:任务；action：行动；result：结果）法，让候选人分享过去的工作经历，以判断他们在未来类似情况下的可能行为。
技能测试	对于技术性岗位，进行编程挑战、案例研究或现场演示等技能测试，验证候选人是否具备所需技能。
反馈环节	让候选人提问，以解答他们对职位的疑惑，同时观察他们的兴趣和理解程度。
评估决策	面试后，根据候选人的回答、表现和技能测试结果进行评估，比较谁最符合职位要求，最有可能在公司成功。
后续步骤	如果候选人有潜力，则安排下一轮面试，可能是与团队成员或部门经理交谈，或进行更深入的技能评估。对于未通过的候选人也应及时通知，展现公司的专业性和对应聘者的尊重。

图 5-13　面试流程的详细说明

5.3.6　步骤 6：试用期考核

试用期是新员工对即将入职的岗位有深入、全面理解，融入新团队，并展现其能力的关键阶段，也是管理者评估该员工是否符合期望与要求的最佳时期。

一般来讲，新入职员工的试用期设定为三个月，其间，新员工可以在直接上级的指导下参与工作。

需要注意的是，试用期考核的内容不必局限于工作任务的完成情况，还应涵盖其团队协作能力、沟通能力、学习能力以及对企业经营理念、文化的理解等，这些考核可以通过定期面谈、实地观察等实现。

试用期考核的内容如图 5-14 所示。

图 5-14　试用期考核的内容

此外，在考核期间，人力资源部门要密切关注新员工的表现，通过收集各方的反馈对其进行综合评估。针对在特定方面存在困难的员工，应协助其提升并改进。

试用期考核结束后，人力资源部门要与主管部门共同商量，确定新员工的表现，决定是否留用。若员工表现优秀，达到或超越预期，将转为正式员工；反之，则按照法律规定办理辞退手续；对于有潜力但暂未达到要求的员工，可以采用延长试用期，或提供必要培训与支持的方式，帮助其改进，留用观察。

5.4 录用和正式入职

5.4.1　面试流程

面试作为招聘过程中的关键环节，其质量直接关系到招聘效果的好坏。因此，对面试流程进行优化，提高面试的质量，显得尤为重要。

面试流程图如图 5-15 所示。

5.4.2　录用流程

在完成一系列面试后，应聘者的角色已发生转变，成为企业新员工，开始全新的职业生涯。为确保新员工顺利融入企业，尽快适应工作环境，HR 需要对录用流程进行详细说明。

员工录用流程图如图 5-16 所示。

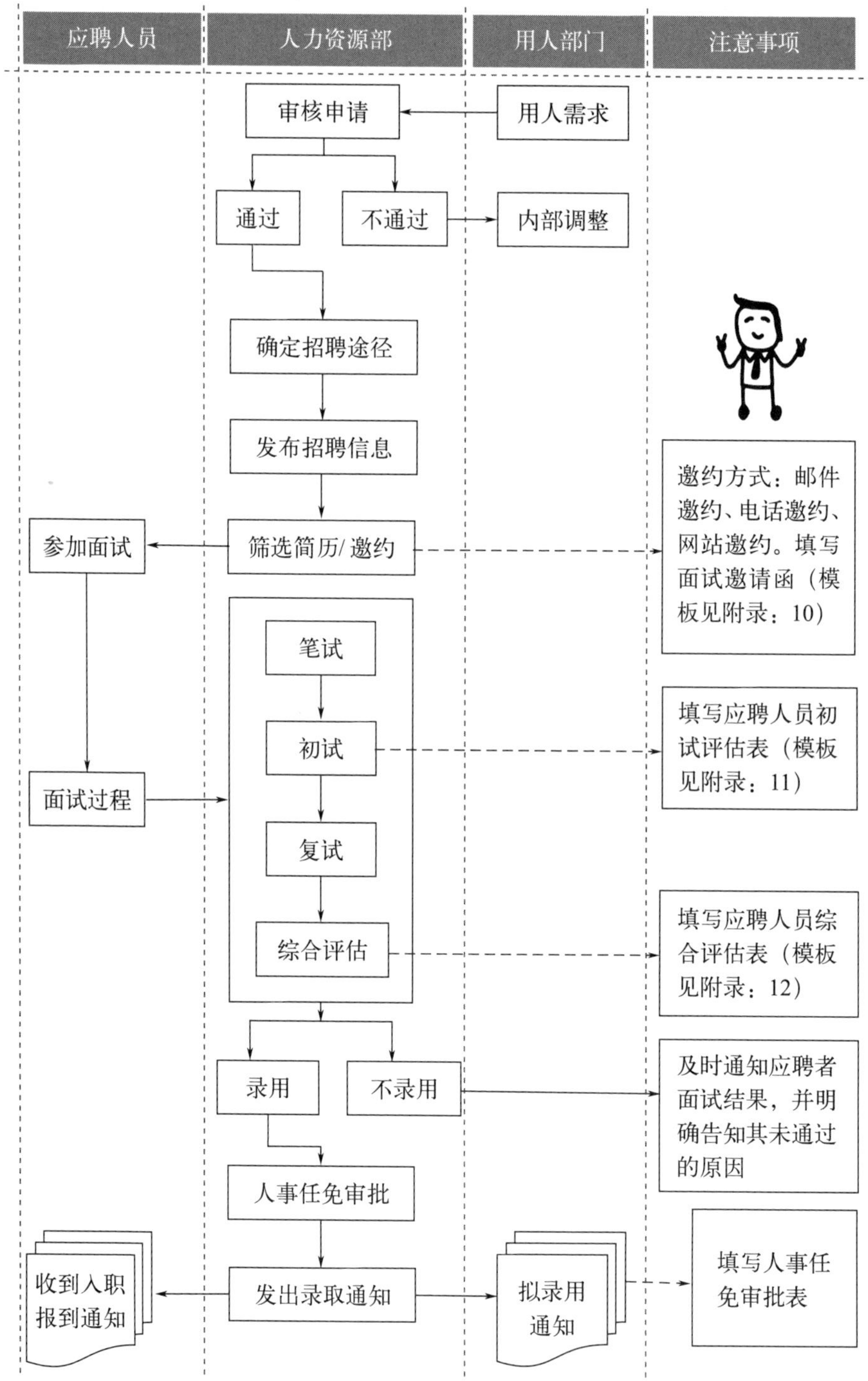
应聘人员
人力资源部
用人部门
注意事项
审核申请
用人需求
通过
不通过
内部调整
确定招聘途径
发布招聘信息
参加面试
筛选简历/邀约
邀约方式：邮件邀约、电话邀约、网站邀约。填写面试邀请函（模板见附录：10）
笔试
初试
填写应聘人员初试评估表（模板见附录：11）
面试过程
复试
综合评估
填写应聘人员综合评估表（模板见附录：12）
录用
不录用
及时通知应聘者面试结果，并明确告知其未通过的原因
人事任免审批
收到入职报到通知
发出录取通知
拟录用通知
填写人事任免审批表

图 5-15　面试流程图

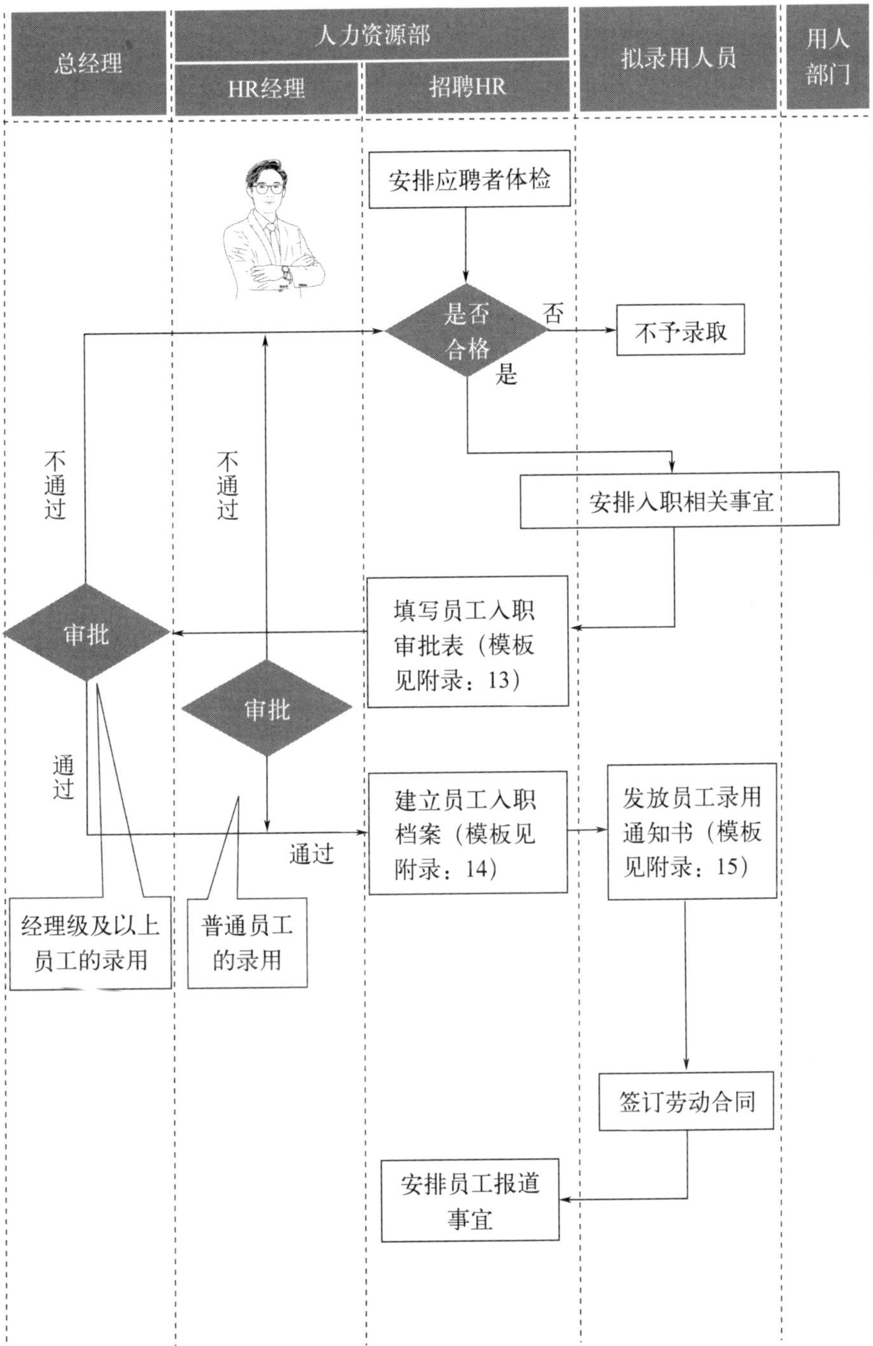

图 5-16　员工录用流程图

5.4.3 报到流程

从发放录用通知书，到新员工报到这段时期，对于 HR 而言也极为重要，很多细节必须处理好。那么，HR 需要做哪些工作呢？可以按照表 5-1 所列的内容进行。

表 5-1 报到流程图

事项	应做工作
新员工报到之前	1. 确认新员工报到日期及意向部门 2. 通知新员工准备所需资料，如 1 寸彩色证件照、身份证、学历及职称证书的原件和复印件。特殊岗位需要特殊材料，如财务岗需提供会计证，驾驶员岗位需提供驾照等 3. 准备新员工入职登记表（模板见附录：16）
新员工报到当天	1. 提醒新员工提交所需资料 2. 协助新员工填写入职登记表，信息若有变更需及时通知综合部 3. 向新员工说明工资待遇，明确工资发放形式（如转账需提供银行及账户信息） 4. 发放食堂用餐餐卡，说明补办流程 5. 通过公司内部社群公告新员工的入职情况 6. 建立员工档案，更新花名册、通讯录 7. 带领新员工参观公司部门，并介绍相关情况

5.4.4 正式入职流程

新员工被企业正式录用并报到后，接下来便是入职，开始上班。然而，对于 HR 而言，这一过程仍需要依照既定流程完成多项工作。

新员工正式入职流程图如图 5-17 所示。

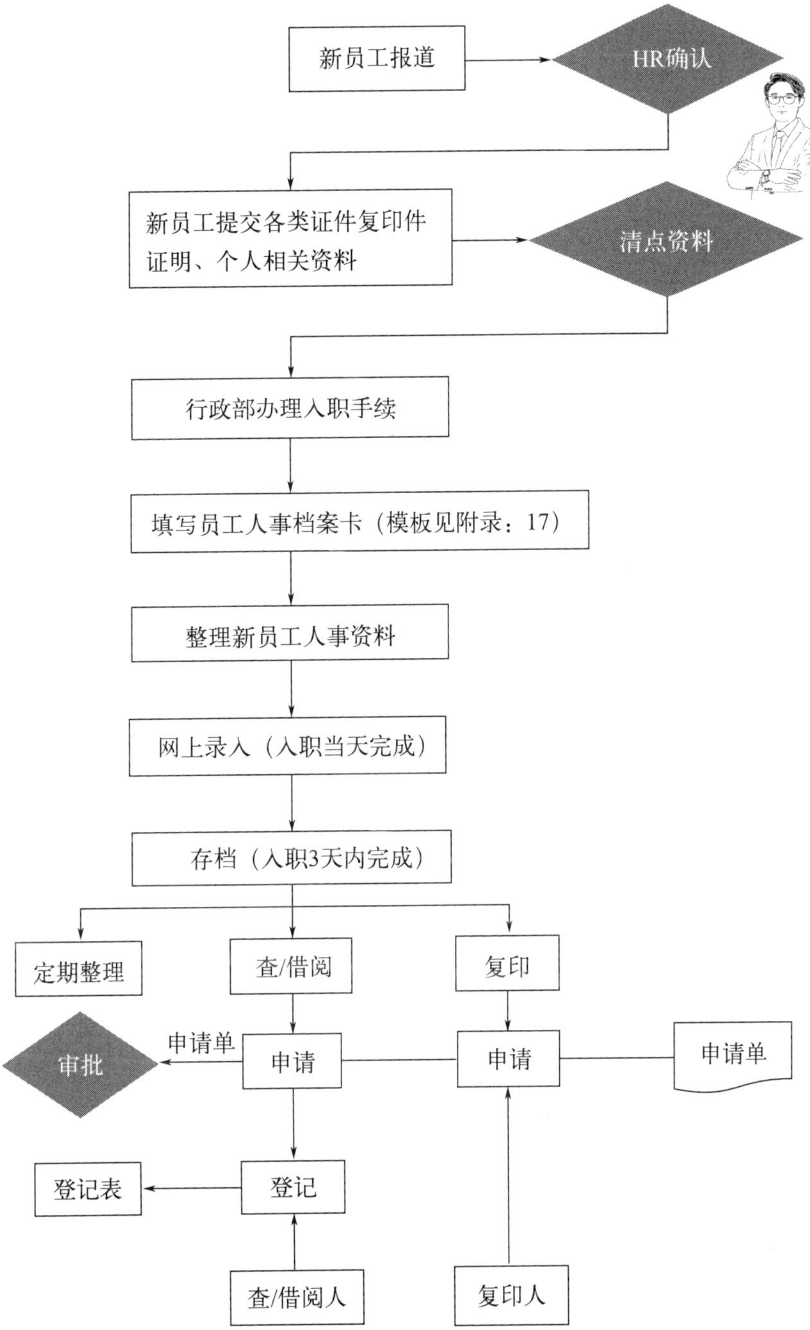

图 5-17　员工正式入职流程图

5.4.5 试用期转正流程

试用期结束后，企业根据员工在试用期的表现，对员工岗位进行相应的调整，遵循优胜劣汰的原则。劣者淘汰，优者则获得岗位晋升或薪资调整的机会。转正流程通常包括填写员工转正申请表、提交试用期工作总结报告，以及接受部门主管和人力资源部门的评估等。

通过这一系列的评估后，员工将成为公司的正式员工，享受公司提供的各种福利待遇。试用期转正流程如图 5-18 所示。

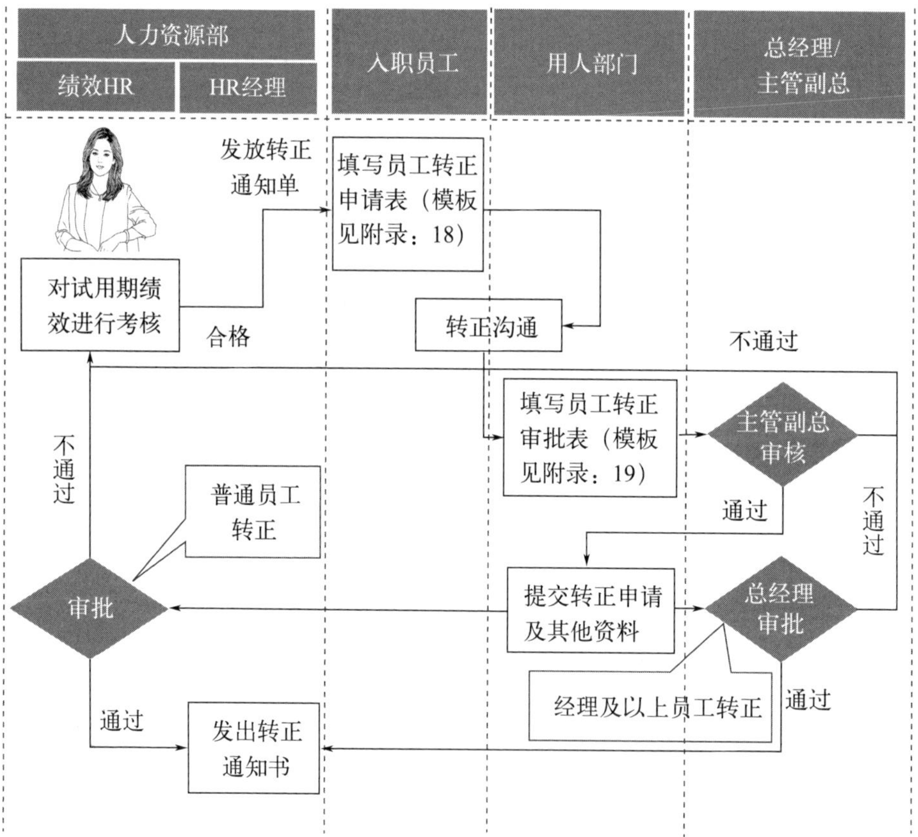

图 5-18 试用期转正流程图

5.5 招聘费用预算分析

5.5.1　招聘费用预算分析的意义

招聘费用预算是企业为进行人才招聘活动所预先规划的财务额度。它涵盖从发布招聘广告、筛选简历、面试到最终录用过程中产生的所有费用。招聘费用预算的设定旨在合理分配和控制人力资源投入，确保招聘活动有序进行，并符合公司的整体财务规划。

招聘费用预算分析是企业人力资源管理的核心工作之一，它对招聘质量、成本控制、战略执行及雇主品牌形象建设产生深远影响。

招聘费用预算分析的意义如图 5-19 所示。

1. 确保招聘流程有效运行

预算覆盖从发布招聘信息到新员工培训的全部成本。缺乏预算分析可能导致优质人才流失或招聘质量下降，从而降低效率。

2. 管理人力成本的关键

通过合理的招聘费用预算分析，企业能更准确地预测和控制人力成本，避免财务压力，并优化各部门的人力资源配置。

图 5-19

3. 推动企业战略发展的重要支撑

在动态市场中，进行招聘费用预算分析能确保企业吸引和保留具备关键能力的员工，从而促进创新和业绩增长。

4. 提升企业雇主品牌形象

提供有竞争力的薪酬福利、优质的招聘体验和完善的员工发展计划将增强企业在人才市场的吸引力。

图 5-19　招聘费用预算分析的意义

鉴于此，HR 应重视招聘费用预算的制定与管理，以实现更高效、更精准的人才招聘和管理目标。对招聘费用预算的划分，可概括为计划内招聘费用预算和计划外招聘费用预算两大部分。计划内招聘费用预算通常以年度为时间框架进行规划。而计划外招聘费用预算则涵盖两种情况：一是设立新的部门或岗位所产生的额外费用，二是现有部门或岗位的人员配置超出预期，导致的招聘成本增加。

5.5.2　招聘费用预算分析流程

招聘费用预算覆盖招聘过程的多个方面，如活动宣传费用、人工费用、场地租赁及必要的器材费用，如果是线上招聘，还需要支付平台使用费等。精确的招聘费用预算分析对于企业至关重要，它能促进招聘流程的优化，提升招聘效率，同时有助于控制人力资源成本。

招聘费用预算分析包括的内容如图 5-20 所示。

为保证预算的合理性和效能，企业需建立全面的预算分析机制，分析历史数据，明确招聘目标和计划，然后详细列出各环节的预期费用。同时，还要根据业务需求和市场动态，对未来的招聘成本进行优化和调整。例如，如果行业竞争态势升级，可能需要增加招聘广告的投入以吸引优秀的候选人；反之，如

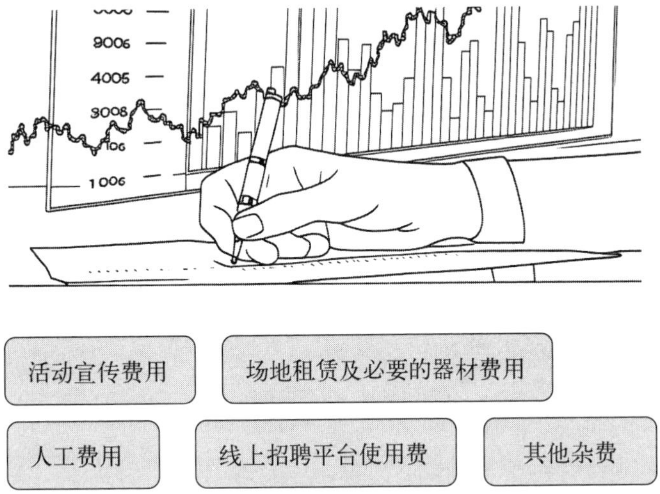

图 5-20　招聘费用预算分析的内容

果企业侧重于内部培训和提升，新员工的培训预算可能需要适当调整。

招聘费用预算可以分为计划内招聘费用预算、计划外招聘费用预算。

（1）计划内招聘费用预算

计划内招聘费用是指在企业原有的财务预算框架内，预留出用于招聘新员工的费用。这包括发布招聘广告的费用、筛选简历和面试的时间成本、人力资源部门的内部运营成本以及新员工的培训和发展费用等。这部分预算通常在年度财务规划时就已经确定，企业需要确保这些费用不会超过设定的上限。

计划内招聘费用预算分析流程如图 5-21 所示。

（2）计划外招聘费用预算

计划外招聘费用是指在企业遇到未预见的人员需求，如突然的业务扩张、关键员工离职等特殊情况时，需要额外增加的招聘费用。这可能包括临时招聘服务的费用、快速招聘的加急费用，或者为了吸引具有特定技能或经验的候选人而提供的更具竞争力的薪酬包。

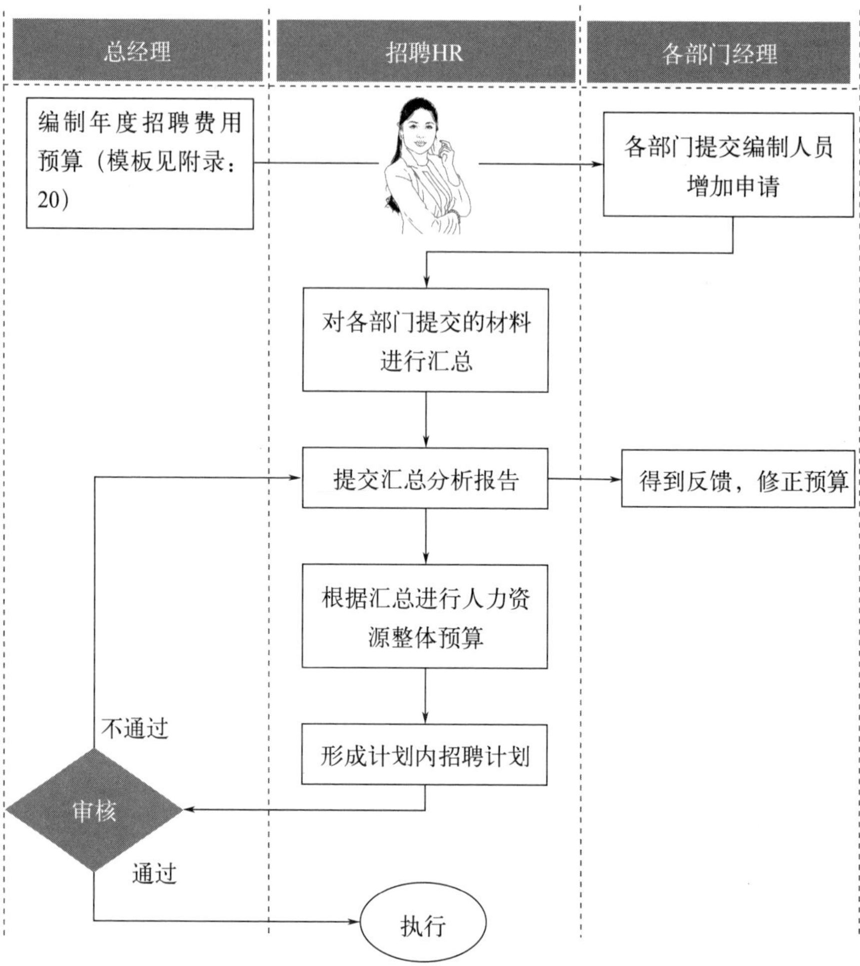

图 5-21　计划内招聘费用预算分析流程

由于这些费用在制定预算时并未考虑到，因此需要经过特别的审批流程，以确保不会对企业的整体财务状况产生负面影响。

计划外招聘费用预算（增加新部门或岗位）分析流程如图 5-22 所示。

计划外招聘费用预算（原岗位任职人员增加）分析流程如图 5-23 所示。

无论是计划内还是计划外的招聘费用预算，都需要 HR 进行精确预测和有效的成本控制。同时，随着企业需求和市场的变化，招聘预算也要具有一定的灵活性，以便能及时、有效地应对各种挑战。

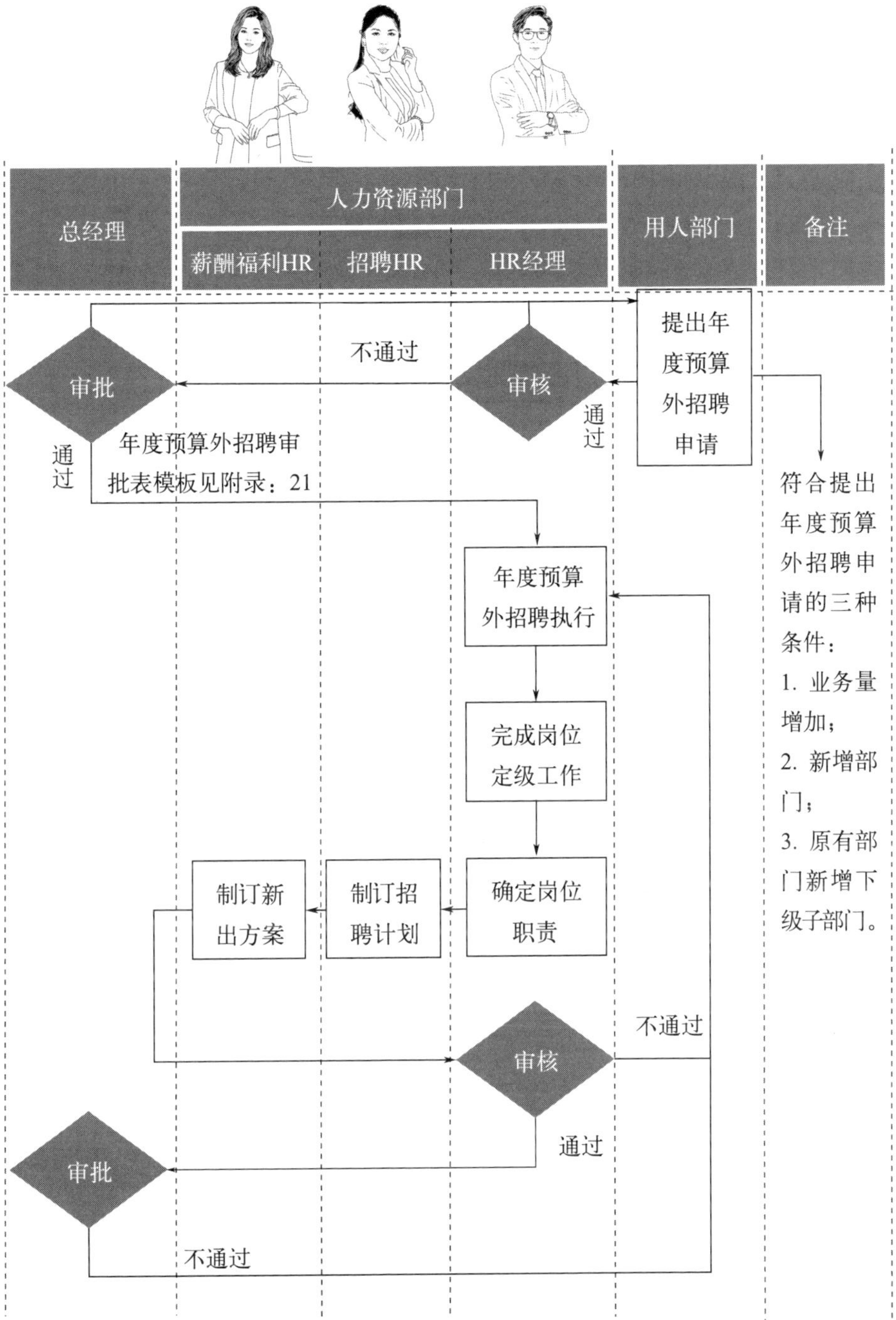

图 5-22　计划外招聘费用预算（增加新部门或岗位）分析流程

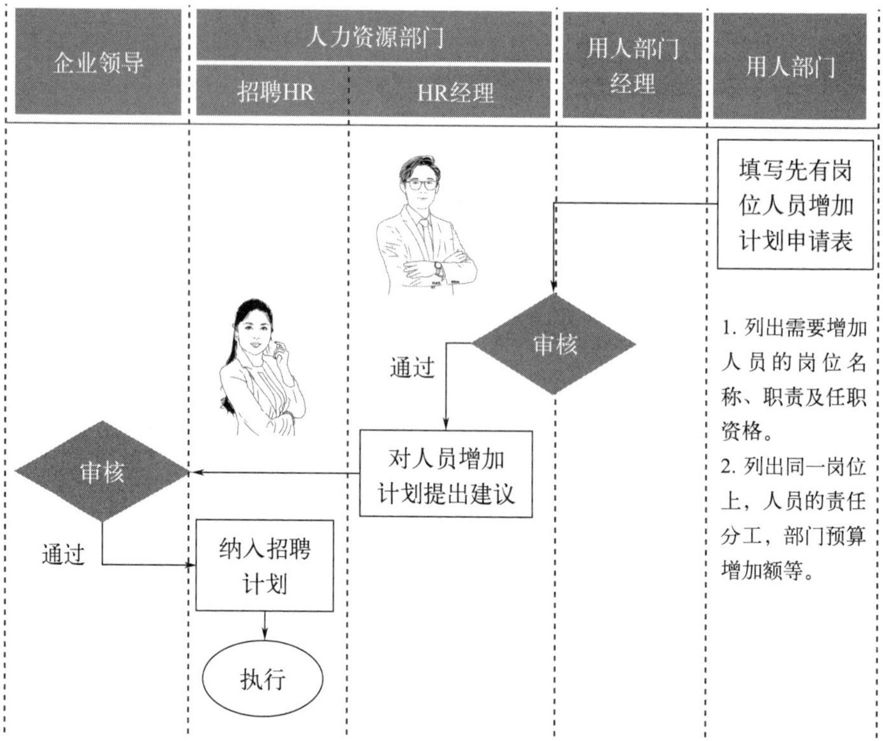

图 5-23　计划外招聘费用预算（原岗位任职人员增加）分析流程

5.6 人事调动

5.6.1　人事调动流程

在一个企业中，人事调动是一个十分常见的现象。随着企业的发展、岗位变更，或员工本人职业规划的变化，晋升、平调、降职、离职等情况时有发生。这些变动不仅是企业发展的必然需要，也是员工个人成长和职业发展的需要。

每一次的人员变动，都意味着企业内部角色、职责和权力结构的重新调整，

HR 在处理人员变动的工作中，发挥着重要作用。人力资源管理部门的掌舵人需要密切关注企业动态，并根据企业发展需求、员工个人意愿，制定合理的人员变动流程，确保变动的合法性和规范性。

当人事需要调动时，HR 的处理流程如图 5-24 所示。

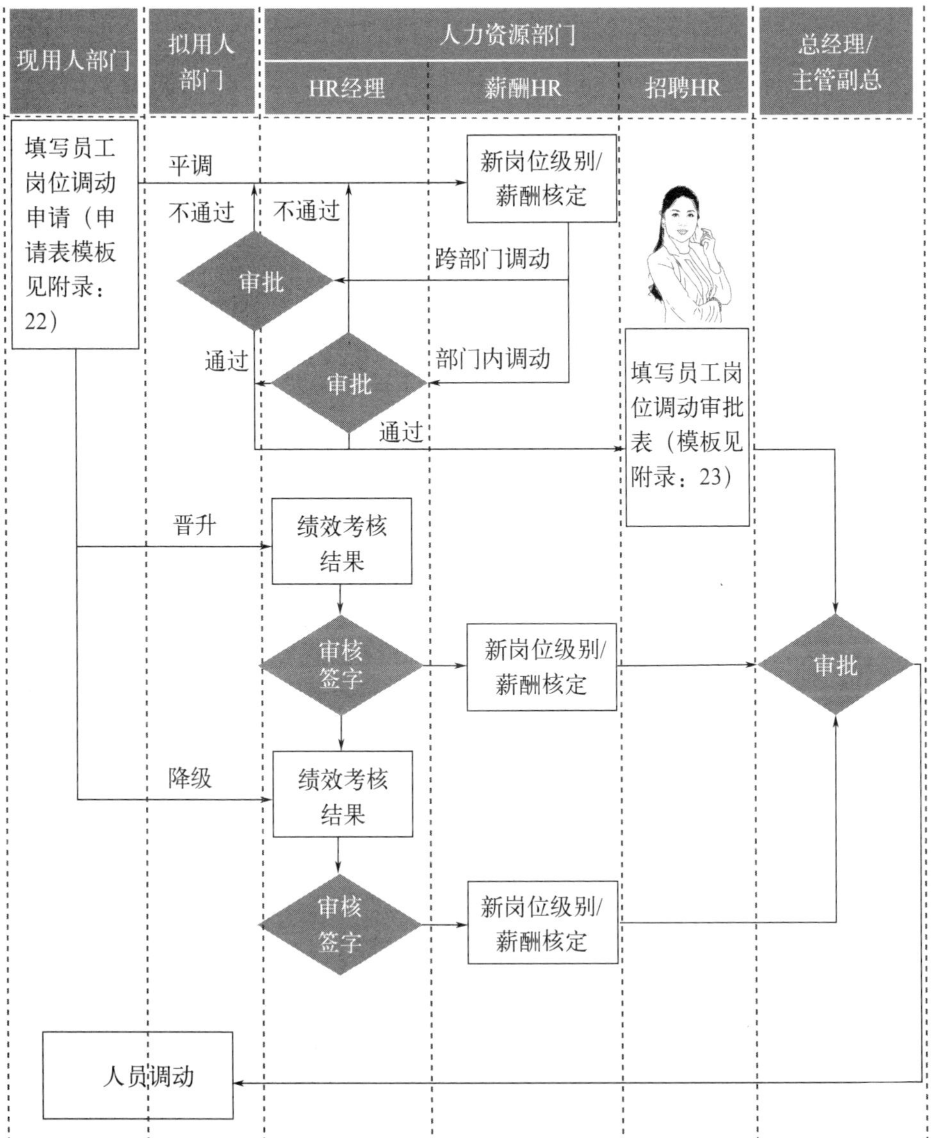

图 5-24　人事调动处理流程

5.6.2 人事调动常见流程

在人事调动过程中，主要涉及四种情形，分别是平调、晋升、降职以及离职。

（1）平调流程

平调即平级调动，是指员工在企业内部不同部门或岗位之间的同级职位调整，不涉及职务级别的变动。

员工平调流程图如图 5-25 所示。

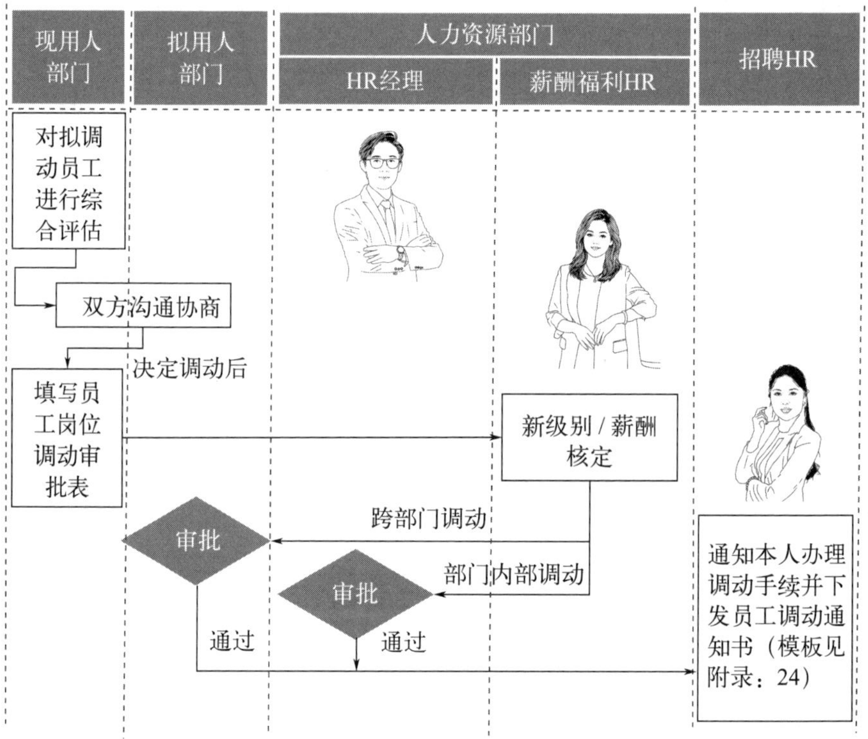

图 5-25 员工平调流程图

（2）晋升流程

晋升即职务晋升，是指员工因工作表现优异或能力提升而获得更高级别职务的过程，这通常伴随着职责的增加和权力的扩大。

员工晋升流程图如图 5-26 所示。

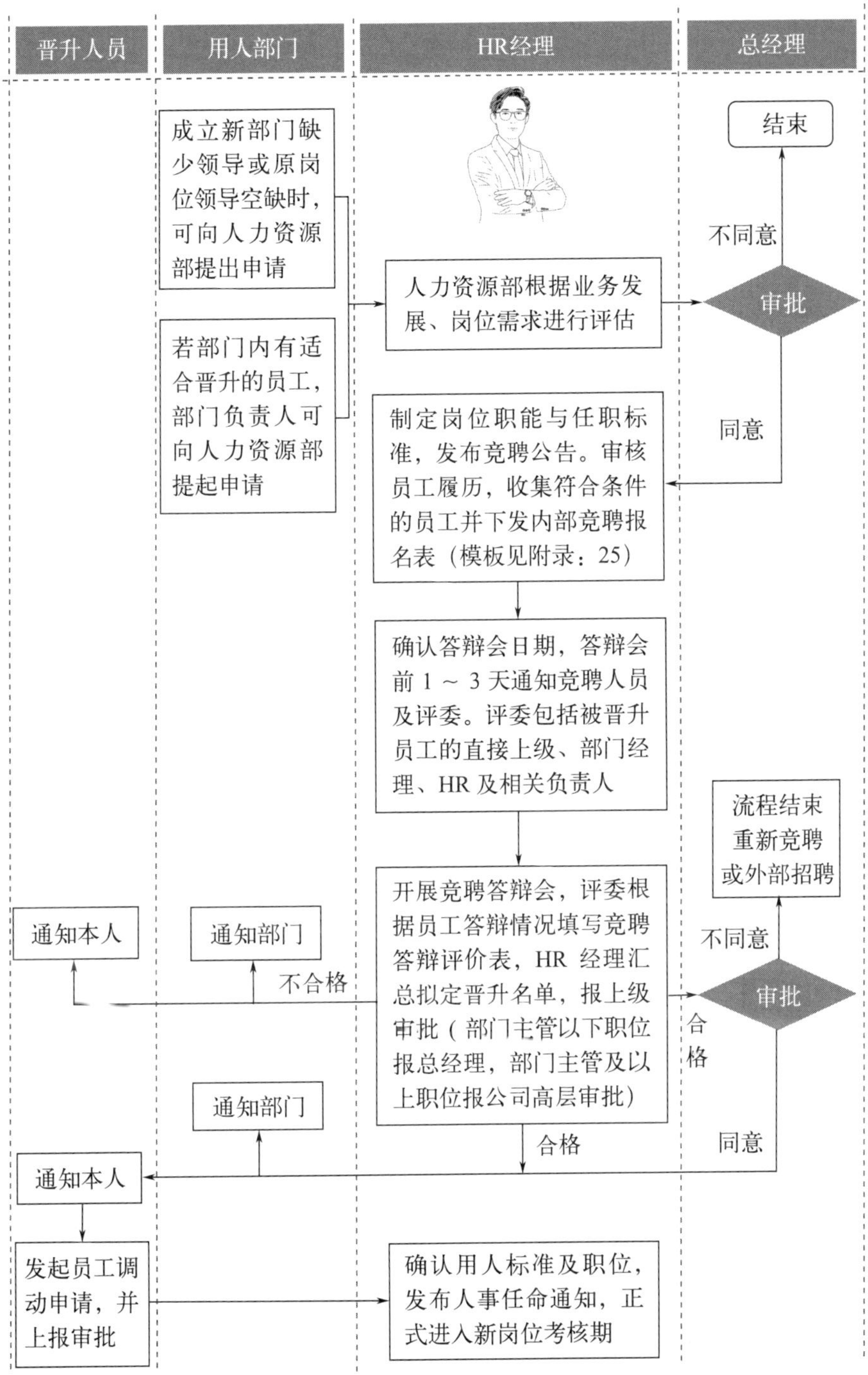

图 5-26　员工晋升流程图

（3）降职流程

降职即职务降级，与晋升相反，当员工因在工作中表现不佳、能力不足或其他原因时，往往会被降低职务，同时，相应的职责和权力也会减少。

员工降职流程图如图 5-27 所示。

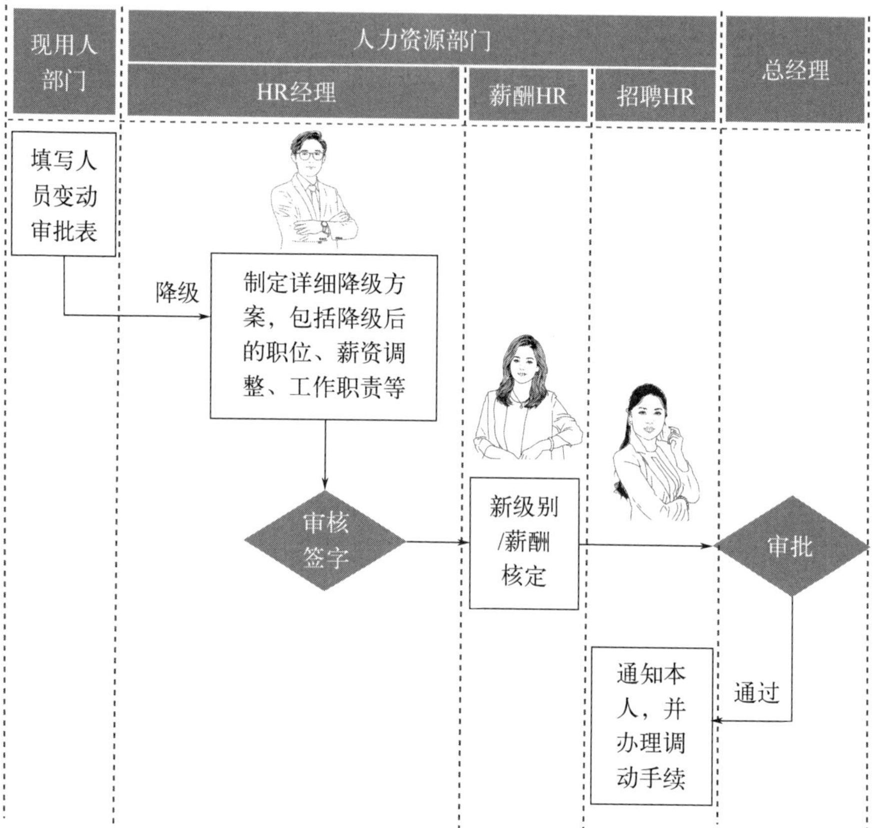

图 5-27　员工降职流程图

（4）离职流程

离职是指员工因个人原因或企业需求，主动或被动终止与企业的劳动关系，离开工作岗位的行为。

员工离职流程图如图 5-28 所示。

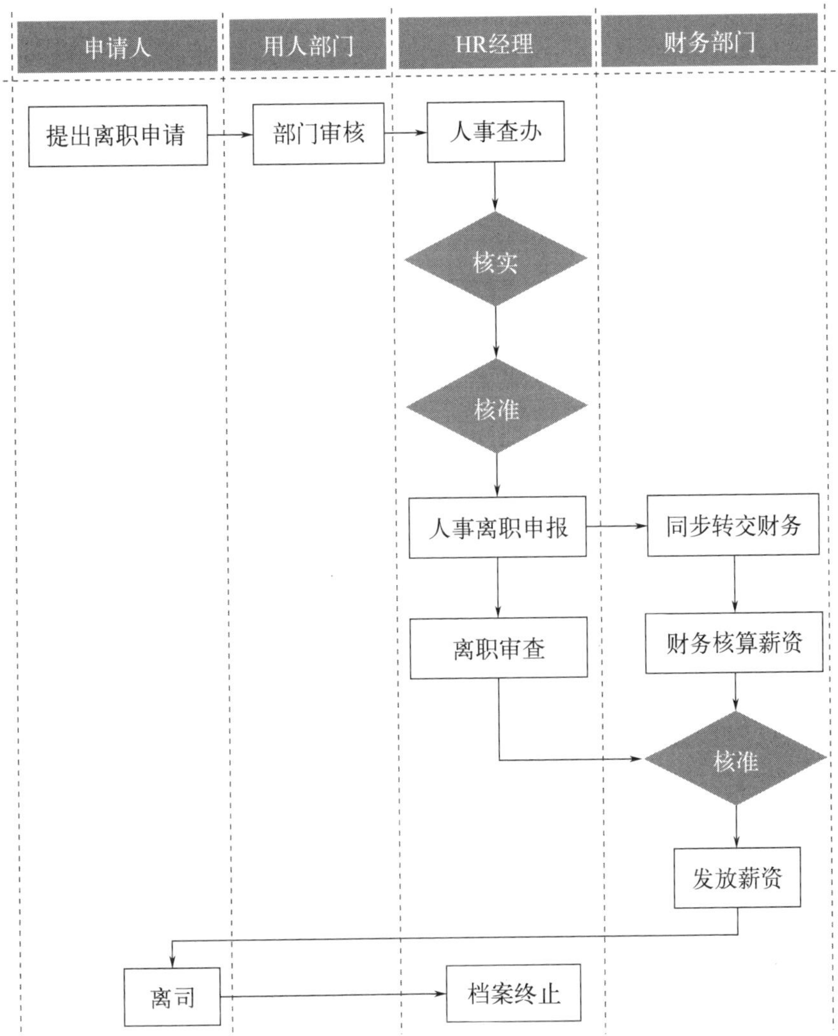

图 5-28　员工离职流程图

5.6.3　员工离职手续办理流程

办理员工离职手续是企业人力资源管理的关键环节，它不仅关乎企业与员工双方的权益，而且需要严格遵守相关法律法规，确保离职流程的合法性与合规性。在这一过程中，HR 还应体现人文关怀，为离职员工提供必要的协助与支持。

员工离职工作交接流程如图 5-29 所示。

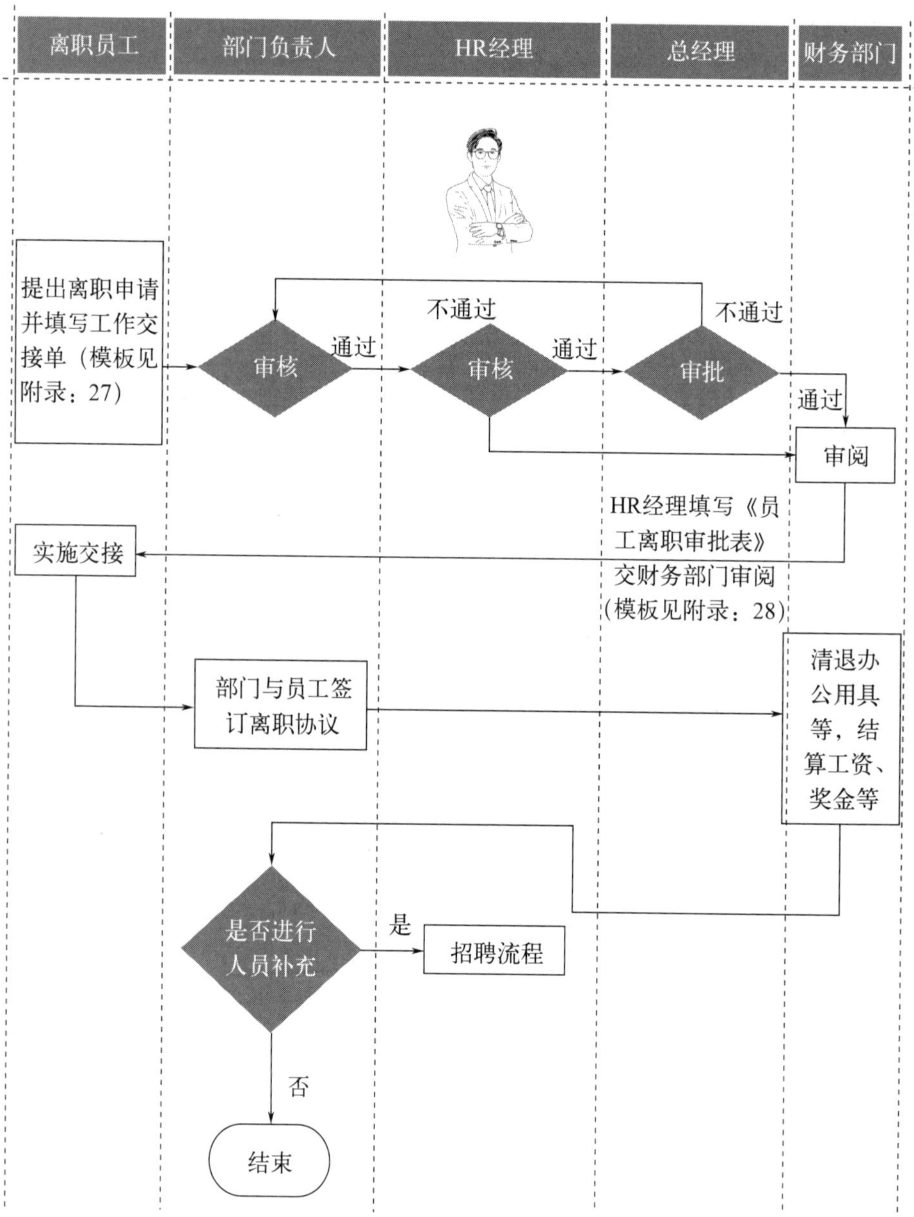

图 5-29　员工离职工作交接流程图

5.7 员工合同管理

5.7.1　合同管理的内容

员工的增加、调动或辞退都会涉及劳动合同管理，对员工的劳动合同进行管理也是 HR 的主要工作。这项工作在维护员工权益、构建和谐劳动关系方面起着至关重要的作用。HR 必须积极重视起来，并持续改进和完善管理流程。

其中，合同管理的内容包括以下三个方面。

（1）依照法律法规，严格执行合同的签订、变更及解除程序。

劳动合同是企业与员工之间最重要的法律性协议，它规定了双方的权利、责任。在管理过程中，人力资源部门需确保所有环节，包括招聘、入职、岗位调动、晋升等，都严格遵守合同规定。这不仅体现了对企业、员工双方权益的尊重，也展示了企业遵守法律的坚定立场。

（2）对劳动合同进行更新与审核

随着企业环境的变化，以及国家法律法规的更新，劳动合同内容也需要相应地进行调整。企业应定期进行劳动合同的审核和修订工作，以确保合同的合法性、公平性和有效性。同时，在对新员工进行入职培训时，应加强对合同内容的阐释，帮助员工清晰了解自己的职责和权益。

（3）注重与员工的沟通

企业应建立一个全面的劳动合同管理机制，及时回应员工关注的问题和需求。对于员工在合同执行过程中遇到的问题和疑虑，应提供必要的解答和帮助。这种做法不仅有助于增强员工对企业的信任感和归属感，还能激发员工的工作热情和创新精神。

5.7.2　合同签订流程

在与员工签订合同时，HR 应确保合同内容详尽且合法，涵盖工作职责、薪资待遇、工作时间、福利政策、绩效考核标准、保密协议、竞业禁止条款以及合同期限等关键信息。此外，合同的签订应符合流程，避免日后产生法律纠纷。

为确保合同的公正性和有效性，建议 HR 在签订前与企业的法务充分沟通，或咨询专业法律顾问，以保障双方的合法权益。

与员工签订合同流程图如图 5-30 所示。

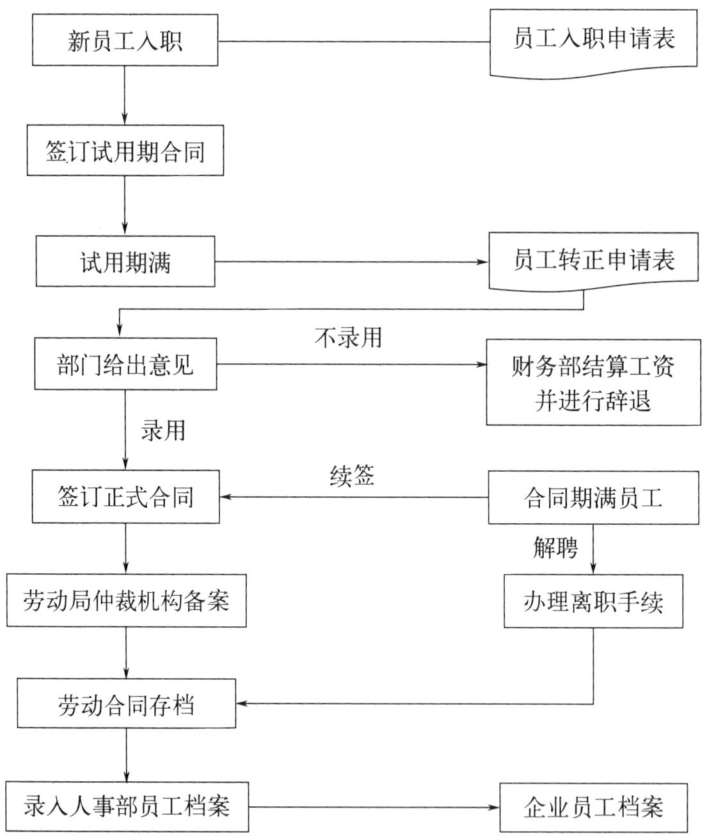

图 5-30　与员工签订合同流程图

5.7.3　合同解除流程

在管理劳动合同的过程中，妥善处理合同终止事宜至关重要。合同终止不仅关系到企业的稳定发展，而且与员工的个人利益紧密相连。

HR 在决定终止劳动合同前，必须深入了解员工的工作表现、业绩状况以及工作态度等多方面信息，并确保整个过程遵循法律法规，符合既定流程。

当员工或用人部门提出终止劳动合同的请求后，HR 应秉持公平、公正的原则，依据客观事实作出审慎判断，并与被解除合同的员工进行充分沟通，确保按照既定流程公平、公正地处理此事。

解除员工合同的流程图如图 5-31 所示。

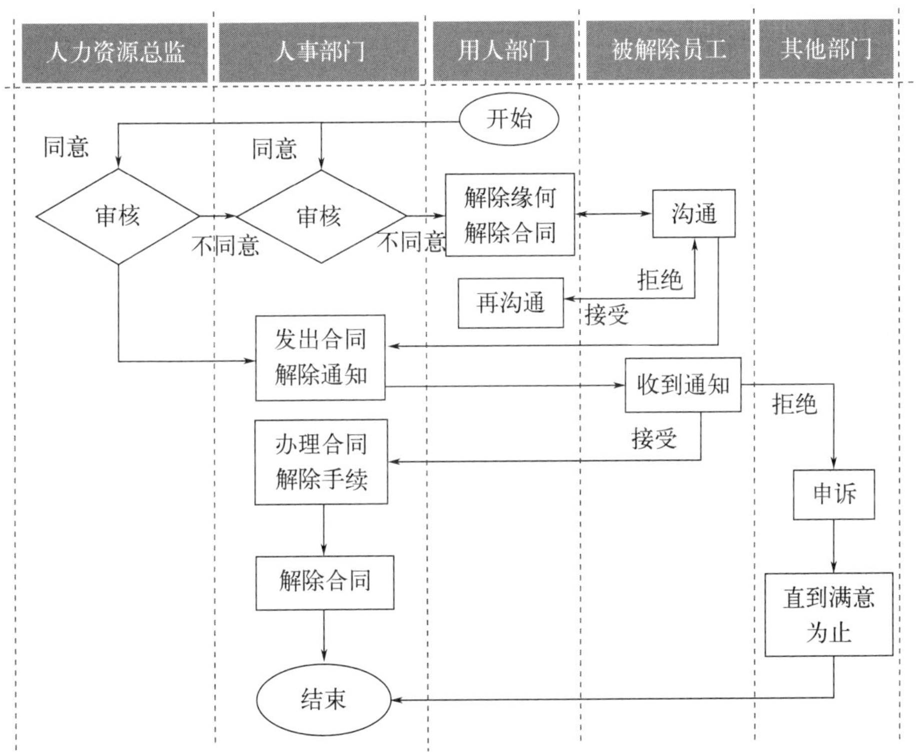

图 5-31　解除员工合同的流程图

第6章

员工培训流程：降低人力成本，提升员工能力

在当今这个人才竞争日益加剧的大背景下，企业面临的挑战不仅仅是如何在市场中脱颖而出，更关键的是如何在人力资源的争夺战中占据有利位置。对于企业而言，最宝贵的资产并不是那些高端先进的机器设备，也不是那些装饰豪华的办公场所，而是员工。

员工所具备的技能、知识以及他们的职业素养，是决定企业竞争力的核心要素。企业必须认识到，投资员工，就是一种长远的战略投资。通过不断优化和升级员工培训体系，不仅能够提升企业自身竞争力，还能够使企业在激烈的市场竞争中保持领先地位，实现可持续发展。

6.1 流程管理在员工培训中的作用

企业在培训员工时，常常会陷入“剪刀差”的窘境，即投入大、成本高，收效却甚微。这种结果往往与培训流程的不合理有密切的关联，如果能在培训活动中实行流程管理，则可以最大限度地让这种情况得到改观。实行流程管理，能更加系统地规划培训内容、安排培训时间、组织培训人员，确保培训目标的实现。

在员工培训中实行流程管理的作用有图 6-1 所示的四个方面。

图 6-1　流程管理在员工培训中的作用

（1）明确培训目标

在制订培训计划时，首要任务是明确培训目标。然而，将目标具体化需要人力资源部门（HR）对培训活动进行彻底的审视，结合组织的需求，识别培训的关键点，并逐步细化。通过这一系列步骤，可以确保培训内容与企业的长期目标和当前需求保持一致，从而提高培训的针对性和效果。

（2）合理设计培训内容

科学合理的培训内容设计，不仅能够帮助员工更快地掌握必要的工作技能，还能激发员工的学习兴趣和工作热情。同时，它也有助于企业构建一个持续学习和成长的环境，为企业的长远发展奠定坚实的人才基础。

通过细致的流程化梳理，人力资源部门（HR）可以更加有针对性地结合不同岗位、职责的特定需求，制定出个性化的培训内容。这样做的目的是确保培训内容与实际工作需求紧密结合，从而提高培训的实效性和针对性。

（3）完善培训效果评估体系

有些企业之所以培训成效达不到预期，主要原因是缺乏完善的培训效果评估体系。当培训活动结束后，未能对员工的培训成效进行充分的了解与反馈，导致无法准确掌握员工在学习过程中取得的成就以及存在的不足。

在流程管理中，这一点尤为重要。通过对员工培训成果及存在的问题进行全面的考核与评估，可以准确把握培训的实际效果。同时，依据反馈结果对培训计划进行调整和优化，确保其更好地满足组织发展的需求。

（4）创新培训方式

通过对流程的梳理，可以发现员工的新需求，企业可依据这些新需求为其匹配合适的培训方法。例如，对于 90 后、00 后新生代员工，他们对传统的面对面培训方式的接受度可能不太高。尽管传统培训有其独特优势，但对于在互联网、自媒体环境中成长起来的千禧一代而言，他们更愿意线上学习，接受体验性、娱乐性更强的方式。

例如，可以将培训内容通过视频、音频等形式展现，使学习与社交活动相结合，让员工以轻松的方式进行学习。此外，引入虚拟现实（VR）和增强现实（AR）等先进技术，可以创造更加沉浸的培训体验。

在员工培训中实行流程管理是一个持续不断的过程，不仅有助于降低企业的人力培养成本，更能显著提升员工的专业能力和综合素质。但要不断探索和实践，只有通过实战，才能够真正检验培养体系的有效性，为企业的长远发展奠定基础。

6.2 企业培训总规划的五大板块

对员工做任何培训前都需要先做总规划，很多企业由于没有这个规划，培训工作要么坚持不下去，半途而废；要么坚持下去了，但收效甚微。

那么，什么是企业培训总规划?

企业培训总体规划是指 HR 根据企业培训需求、用人部门的具体需求和被培训者的个人需求，制定的一套全面、系统的培训方案。这个规划在整个培训活动中具有重要地位，是培训工作的起点，也是培训工作持续进行的保证。

因此，制订一套科学、系统、有针对性的培训总规划方案尤为重要，它有助于全面提升员工的专业技能和综合素质，切实提高企业培训质量。

企业培训总规划的内容主要包括五个板块，具体内容如表 6-1 所列。

表 6-1　企业培训总规划涉及的五个板块

板块	内容
培训需求分析	需求分析是制订规划的第一步，主要是对企业当前经营状况、员工能力水平、岗位需求等进行深入的分析，识别出培训的具体需求和目标（员工培训需求调查表模板见附录：29）

续表

板块	内容
培训计划制订	根据培训的需求，制订具体的培训计划，制定培训计划表，确保培训计划全面、实用，有针对性（员工培训计划书模板见附录：30）
培训计划实施	按照培训计划，组织并实施培训活动，同时对培训过程进行监控和管理，确保培训效果和质量
培训效果评估	通过培训后的考核、收集反馈和复盘，了解员工的学习成果和培训效果，为后续的培训规划制订提供参考和改进方向
培训方案调整	根据评估结果对原有方案进行优化，确保培训内容、培训方式等与行业发展趋势保持同步，确保培训效果的最大化

培训总规划是一个系统性、长期性的过程，需要企业根据自身情况和员工需求进行不断的调整和优化，以实现培训的最大效益和企业的持续发展。所以，HR 应高度重视企业培训规划的制订与实施工作，持续完善并优化培训体系，从而为企业的长远培训管理提供坚实支撑。

6.3 员工培训总规划五大板块详解

6.3.1 培训需求分析

由上节得知，企业培训总规划包含五大板块，需要注意的是，每个板块的内容既相互联系，又相对独立，每个环节又有各自的特别流程。

接下来，将对各个流程进行详细展示。

培训需求分析与计划编制作为培训总规划中的两项关键前置工作，对于培训活动的有效实施至关重要。缺乏需求分析与计划编制，单纯地进行培训活动将失去明确的目标和方向，进而影响培训效果的整体实现。

培训需求分析的目的如图 6-2 所示。

图 6-2　培训需求分析的目的

培训需求分析是培训活动的起点，是指通过对企业、员工以及任务的全面梳理和审视，明确培训的目标、内容、方式。在这一阶段，HR 需要从多个角度进行深入的探讨和分析。具体可以从以下三个方面入手。

（1）深入了解企业战略目标、业务发展方向

对企业战略目标和业务发展方向进行深入了解，有助于让培训活动更好地服务于企业的整体利益，确保培训内容与企业战略、主流业务保持高度契合。这是大方向，一旦偏离，后期的工作做得再好也事倍功半。

（2）深入分析待培训员工的现状、需求

对待培训员工的现状和需求进行深入分析，包括了解他们的现有技能、个人能力、待提升方面以及未来规划等，具体可以通过问卷调查、访谈等方式收集，从而确保培训活动能够满足员工的实际需求，提升员工的综合素质和工作能力。

（3）分析任务需求

任务需求分析涉及对岗位职责、工作流程以及工作绩效等方面的全面了解。通过分析任务需求，可以确定员工在完成任务过程中可能遇到的困难和挑战，进而为培训活动提供有针对性的内容和方案。

HR 在明确具体做法的基础上还要注意操作规范，严格按照流程进行。培训需求分析流程图如图 6-3 所示。

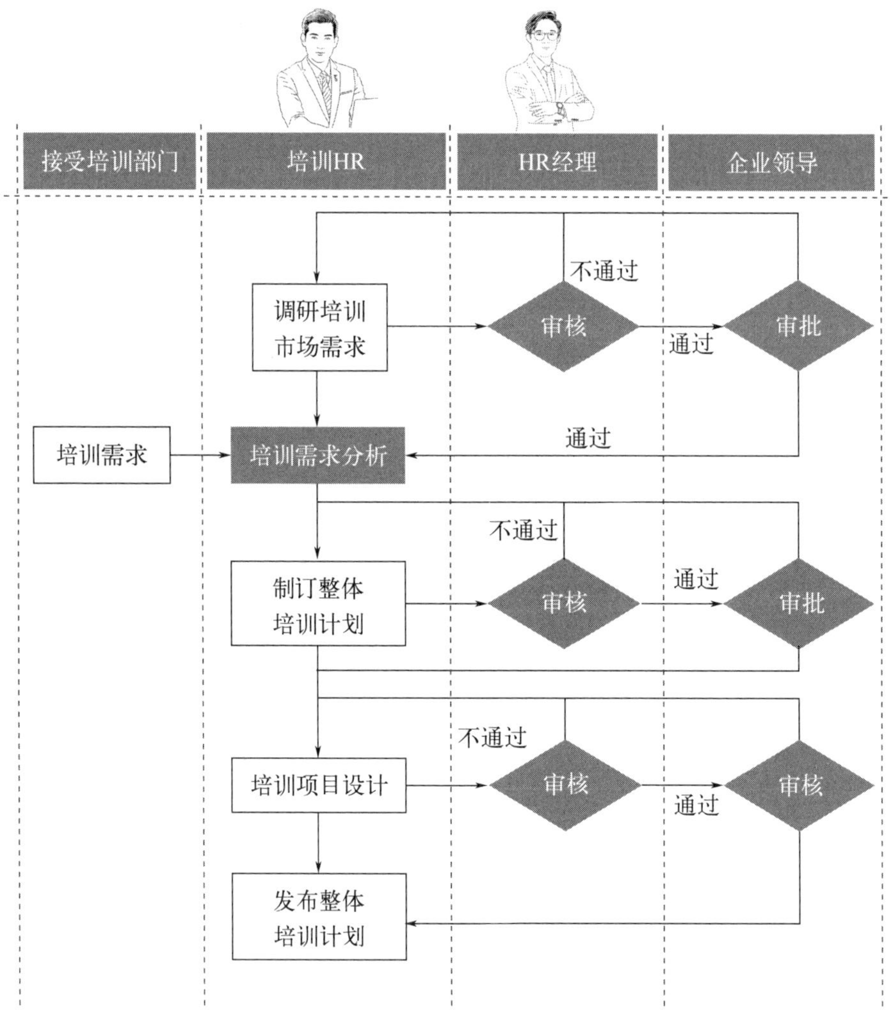

图 6-3　培训需求分析流程图

6.3.2　培训计划制订

在完成培训需求分析之后，HR 需要根据分析结果，联合培训部门编制详细的培训计划。培训计划是培训活动的蓝图和指南，它规定了培训的目标、内容、方法、时间以及资源等方面的安排。

在制订培训计划时，要抓住 4 个要点，具体如图 6-4 所示。

图 6-4　制订培训计划的 4 个要点

（1）明确培训的目标和预期效果

明确培训的目标和预期效果有助于 HR 在后续的培训活动中，把握清晰的方向和聚焦重点。同时，还要根据需求分析的结果确定培训的具体内容，确保培训内容与员工的实际需求紧密相关。

（2）选择合适的培训方法和手段

培训方法和手段包括线上学习、线下培训、实践操作等多种形式。在选择培训方法时，我们要充分考虑员工的学习特点和实际需求，确保培训方法能够激发员工的学习兴趣和积极性。

（3）合理安排培训的时间和进度

培训的时间和进度需要根据培训计划的整体安排、员工的工作安排来确定。在安排培训时间时，尽量避免与员工工作时间发生冲突，确保员工有足够时间和精力参与培训活动。

（4）制订详细的培训资源计划

详细的培训资源计划包括培训师资、培训场地、培训材料等方面的准备。在准备培训资源时，我们要确保资源的充足和高质量，为培训活动的顺利进行提供有力保障。

培训计划制订流程图如图 6-5 所示。

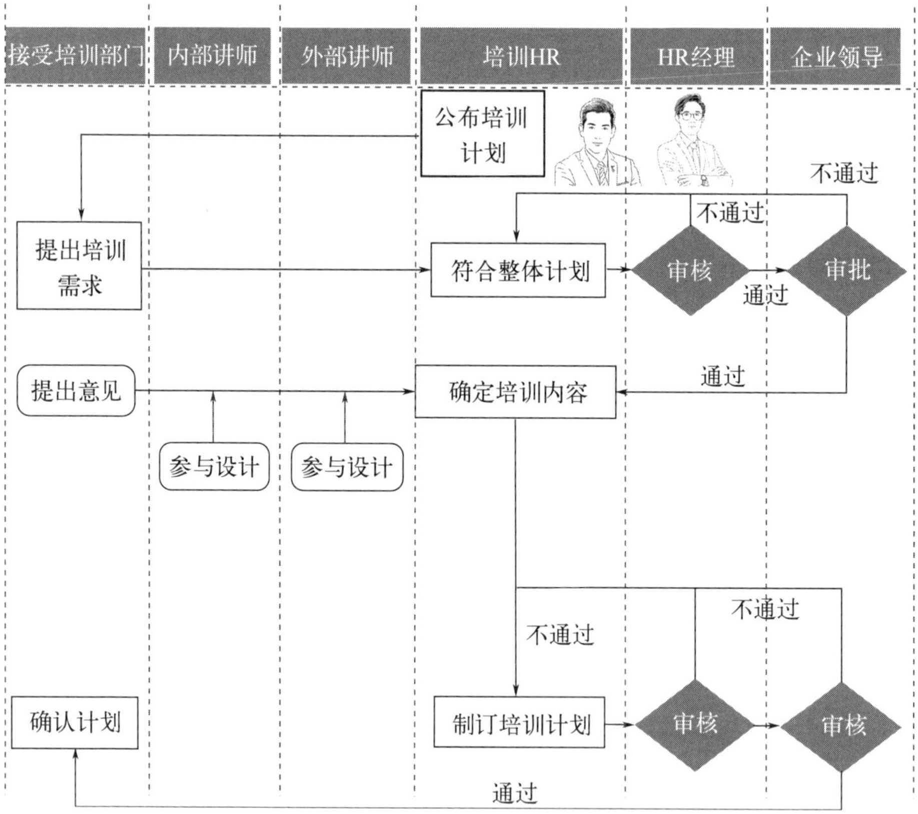

图 6-5　培训计划制订流程图

6.3.3　培训计划实施

培训计划实施过程是培训总规划的核心部分，其重要性不言而喻。一项成功的培训活动，既要求在实施过程中进行严谨的组织和周密的安排，又需要在培训结束后对培训结果进行全面反馈和深入剖析，从而切实持续提升培训的质量与成效。

为保证培训实施的效果，HR 必须保证以下几项达到预设要求：培训目标、培训内容、培训形式以及参训人员特性。具体要求如表 6-2 所列。

表 6-2　保证培训实施效果的要求

要求	具体内容
培训目标	培训目标明确且具体，能够精准反映企业培训与员工的个人成长需求
培训内容	培训内容应紧密结合实际，强调实用性与针对性，确保参训人员在培训过程中能够真正汲取有价值的知识与技能
培训形式	培训形式应多元化、灵活化，根据不同的培训目标与内容，灵活运用讲座、研讨、案例分析、实践操作等多种形式，以激发参训人员的兴趣与参与度
参训人员特性	根据参训人员个体差异，制定个性化的培训方案与策略，以实现培训效果的最优化

培训计划实施流程图如图 6-6 所示。

6.3.4　培训效果评估

除重视培训的过程外，HR 还要重视培训效果评估。在培训结束后，HR 要及时收集参训人员的反馈意见，了解其对培训内容与形式的看法与建议，以及对培训效果的评价与感受。通过对反馈意见的深入分析，识别培训中存在的问题与不足，并据此进行及时调整与改进，以进一步提升培训的质量与效果。同时，参训人员的反馈也是优化培训方案的重要依据，有助于使培训方案更好地满足参训人员的实际需求，提升他们的满意度与获得感。

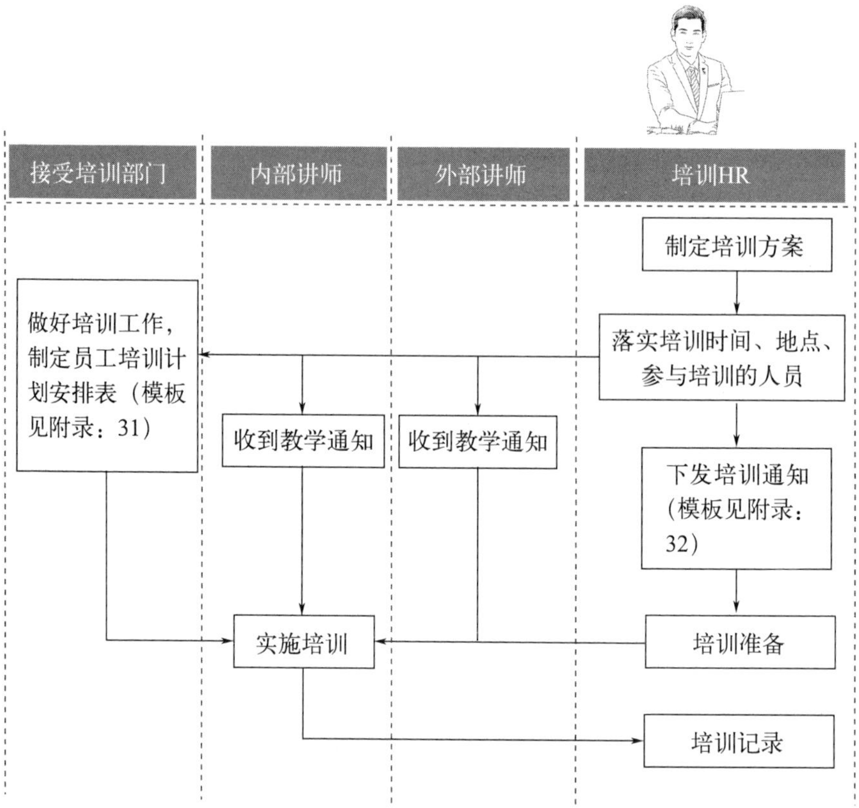

图 6-6　培训计划实施流程图

同时，重视培训成果的跟踪与评估工作。培训结束后，我们不仅要关注参训人员在培训过程中的表现与收获，更要关注其在实际工作中对培训内容的运用与发挥。通过持续观察与评估参训人员在实际工作中的表现，我们能够验证培训效果，了解培训是否真正达到了预期目标与效果。

在培训过程中，可以借助先进的技术手段，如在线学习平台、大数据分析等，以优化培训实施与结果反馈的过程。例如：借助在线学习平台，我们可以为参训人员提供更加便捷、灵活的学习体验，使其能够随时随地进行学习；而通过大数据分析，我们可以深入挖掘参训人员的学习数据，发现其中的规律与趋势，为今后制订培训规划提供有力的数据支撑。

培训效果评估流程图如图 6-7 所示。

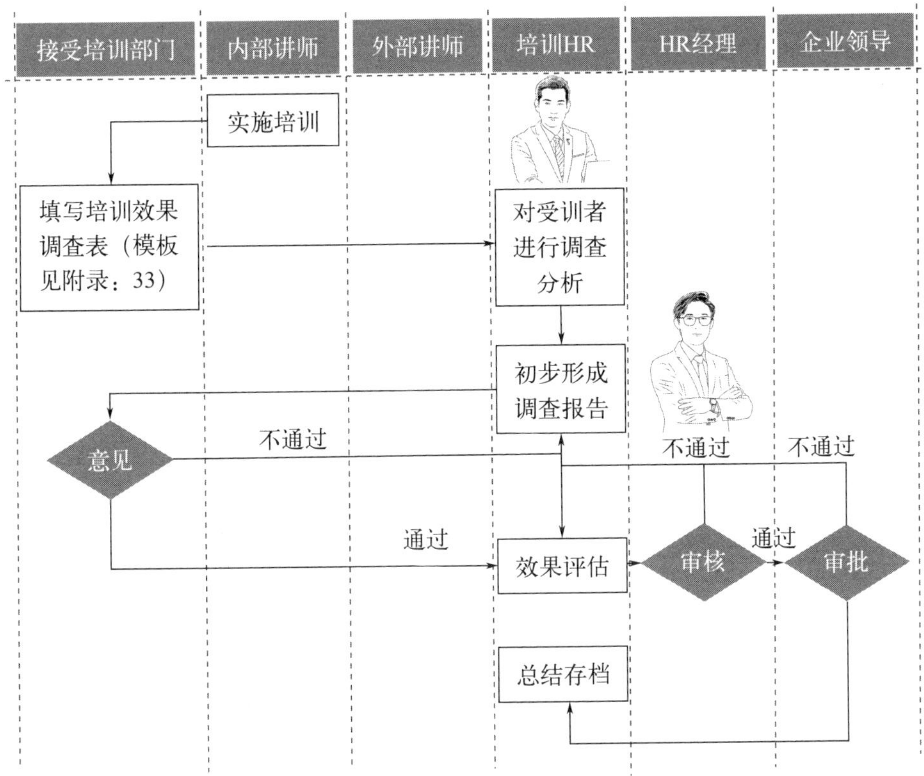

图 6-7　培训效果评估流程图

6.3.5　培训方案调整

根据培训效果评估、反馈结果，对原有的培训方案进行调整，十分重要。

通过定期的评估和反馈收集，可以确保培训内容与员工的实际需求保持一致，同时也能及时发现并解决培训过程中出现的问题。调整培训方案时，应考虑员工的反馈意见，结合最新的行业趋势和技术发展情况，更新培训材料和教学方法，以提高培训的针对性和有效性。

此外，培训方案的调整还应包括对培训师的指导和培训，确保他们能够使用最新的教学工具和技巧，以提升培训质量。

培训方案调整流程图如图 6-8 所示。

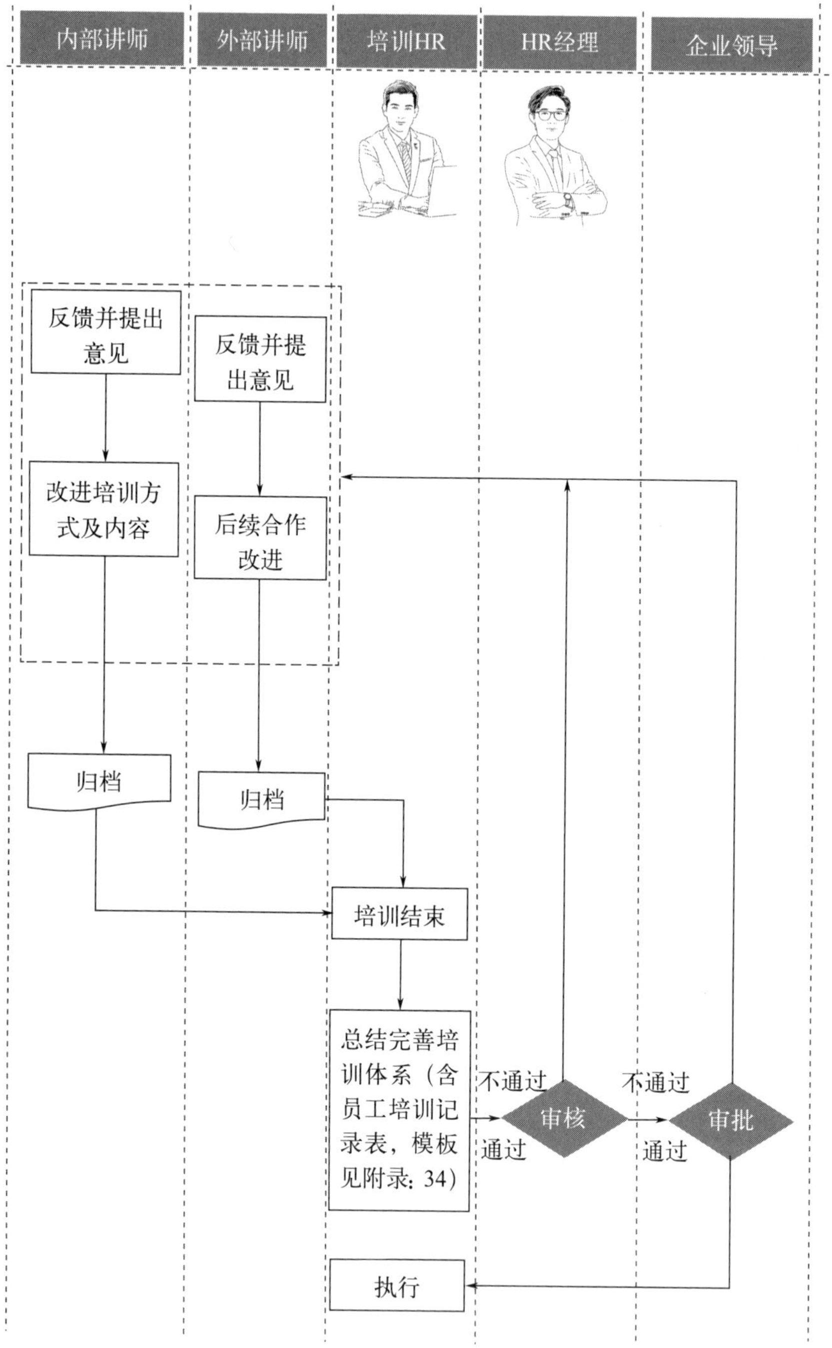

图 6-8　培训方案调整流程图

6.4 新员工的培训流程

6.4.1　新员工培训的特殊性

新员工培训是一项特殊的培训活动，它与在职培训或技能提升培训有很大的差异，需要更注重于塑造员工的意识和习惯，比如，对企业文化认同感、团队协作意识的培养等。

在企业文化培训方面，应要求新员工对企业核心价值观、使命与愿景有全面而深刻的理解。这将有助于让员工在内心深处认同企业及其理念，从而更有效地融入企业，愿意为企业贡献自己的智慧与才能。

在新员工培训的内容设计上，团队意识的培养同样不可忽视。借助精心策划的团队活动、团队协作经验分享与交流活动，新员工能够迅速与同事之间建立信任与默契。这种意识不仅有助于提升工作效率，还能增强他们的归属感和忠诚度。

此外，新员工培训具有明显的针对性和灵活性特点。针对不同岗位，培训内容会相应地进行调整。灵活性主要体现在培训形式上，包括线上学习、线下讲座、实践操作等多种形式，以适应不同人员的学习需求和习惯。

6.4.2　新员工培训流程

新员工培训是企业人力资源管理中至关重要的一环。它不仅能够帮助新员工快速融入企业文化，理解公司规章制度，还能提升新员工的工作技能和团队协作能力。

对新员工的培训也要遵循一定流程，具体如图 6-9 所示。

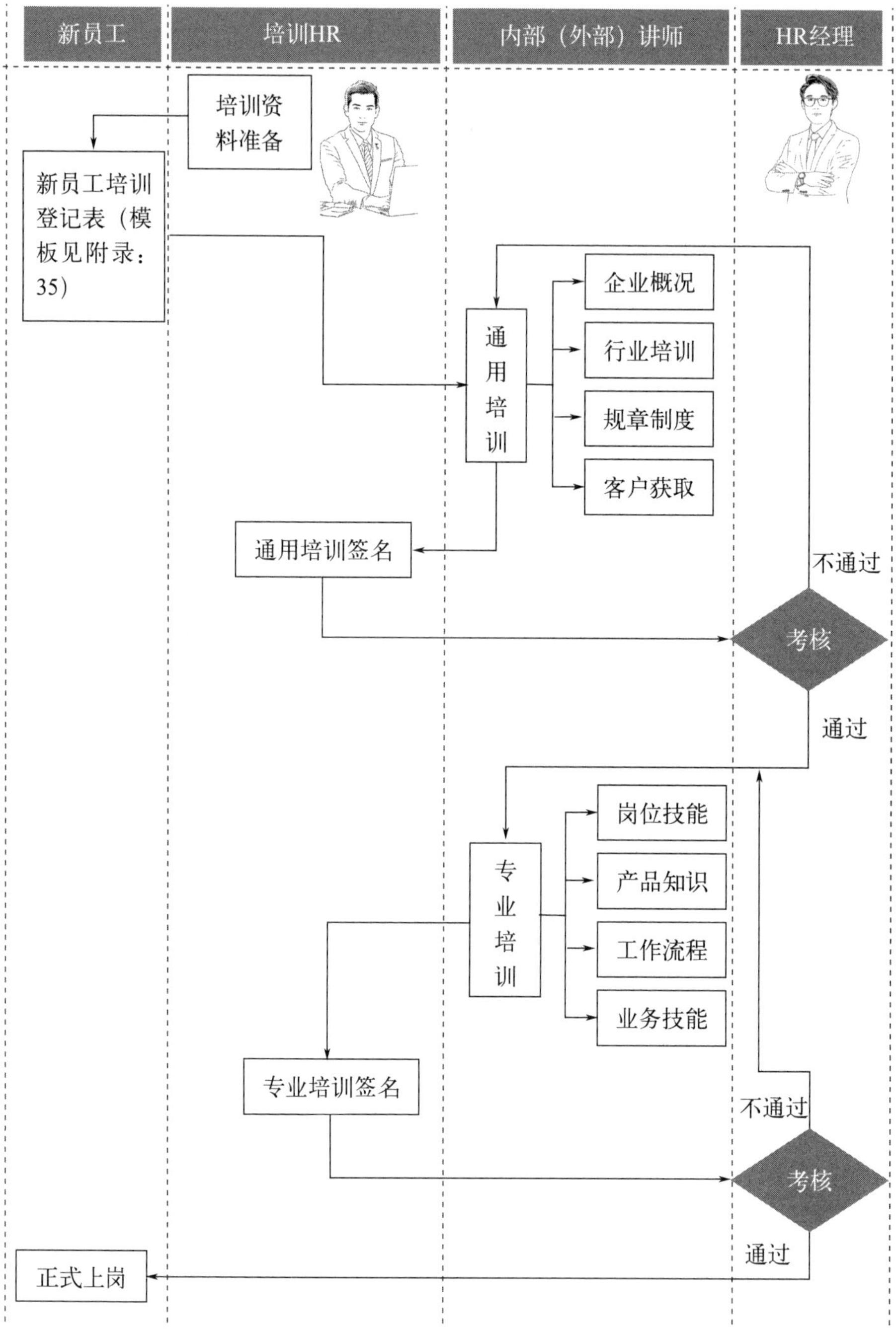

图 6-9　新员工培训流程图

6.5 构建完整的培训体系

6.5.1　培训体系的三个组成部分

随着企业对人才资源重视程度的日益加深，其内部培训能力亦日趋完善，进而构建了独特的培训体系。企业的培训体系是指在企业内部建立的一套与企业发展及人力资源管理相配套的培训系统。高效的企业培训体系能够有效整合内外部资源，充分发挥培训的职能，减少对外部培训资源的依赖。

培训体系的三个部分如图 6-10 所示。

图 6-10　培训体系的三个部分

培训体系是一个综合性的结构，通常由三个核心部分构成：培训管理体系、培训课程体系以及培训实施体系。这三者紧密相连，共同构筑了企业培训体系的坚实基础。遗憾的是，许多企业在构建培训体系时往往忽视了其中的一个或两个方面，这也是它们难以成功建立培训体系的主要原因。

（1）培训管理体系

当培训体系建立起来之后，需要有配套的管理措施对其进行规范和约束，否则，再完善的培训体系也难以发挥其应有的作用。

因此，为确保培训体系的高效运作需要构建相应的管理体系。比如与培训相关的制度、政策，支撑体系运作的费用，评估体系绩效的考核指标、工具以及相应的管理人员等。这些因素共同构成了培训管理体系。

培训管理体系的内容及具体要求如表 6-3 所列。

表 6-3　培训管理体系包括的内容及具体要求

内容	具体要求
培训管理人员	指的是那些承担培训管理职责，并推动培训活动有序开展的管理人员。具体的人数、岗位应根据实际需求进行合理配置。然而，无论如何配置人员，都必须明确其具体任务、职责
培训制度管理	是以规章制度的形式将企业培训计划、要求、实施等方面加以规范化、严肃化。它通常涵盖培训管理办法、培训计划、相关表单、工作流程、培训评估办法以及内部讲师制度等要素。不同企业的具体情况存在差异，培训制度亦会有所区别
培训资源管理	培训资源是指确保培训活动顺利进行的关键资源，包括人力资源、财务资源和物资资源。培训资源管理涉及培训师的选拔与培养、培训教材与资料的开发与管理、培训场地的筹备以及培训经费的支出与控制等方面
培训档案管理	对员工培训记录进行精细化的管理和归档，确保企业能够轻松查询及统计员工的培训情况
培训协同化管理	将绩效管理、薪酬福利管理等人力资源管理体系与培训体系相结合，形成协同效应，共同推动组织目标的实现
培训信息化管理	利用信息技术工具，如培训管理系统、在线培训平台等，高效地管理和执行培训活动，以提高培训管理的效率和质量
培训创新性管理	不断探索和创新培训方式和方法，例如行动学习、翻转课堂等，以增强培训效果并提升其吸引力

（2）培训课程体系

企业培训课程体系构成了培训体系的核心。它广泛地涵盖了企业文化培训、入职培训、岗位培训、专业知识与技能提升、营销战略培训以及管理与领导力培养等多个方面。

然而，一套科学且合理的培训课程体系，并非简单地将所有内容纳入其中，而是需要基于岗位分析和培训需求，精心设计并构建一套具有特色的体系。

培训课程体系可以细分为四类，具体内容及适用情景如表 6-4 所列。在实际应用时，应根据具体情况灵活选择。

表 6-4　各类课程体系具体内容及适用情景

课程体系	详细内容	适用情景
岗位型课程体系	此课程以岗位为基础进行设计，可确保各岗位上的人员清晰地了解自身所需，具有高度的针对性。 构建此类课程体系时应避免仅局限于岗位技能层面的内容，要同时关注员工综合素质的提升	适用于企业发展初期或岗位层级相对精简的情况
职能型课程体系	此课程以工作职能为基础进行设计，有助于整合不同工作类型，实现优势资源价值最大化。 构建此类课程时需要兼顾各职能部门间的平衡，在设计通用课程的同时，充分考虑岗位间的个体差异	适用于规模较大，拥有多家子公司、分公司和事业部的集团公司
部门型课程体系	此课程依据各部门特点进行设计，有助于各部门清晰了解本部门的常规培训课程，提高培训效率。 构建此类课程体系时要结合各岗位的特点，重点关注技能层面的需求	适用于规模较小的企业
开发型课程体系	此课程依据员工职业发展规划设计，有助于实现企业人才培养的结构化和人力资源的持续增值	适用于新员工培训、基础岗位技能培训、岗位技能提升以及个人成长培训等

（3）培训实施体系

培训实施体系是指培训活动从策划至圆满结束的完整过程，旨在通过精心组织、有效落实、严密监控及持续改进等关键环节，全面展现培训工作的核心价值，确保培训体系具备系统性、连贯性及高效性。

培训实施体系包括的四个环节如表 6-5 所列。

表 6-5　培训实施体系包括的四个环节

环节	详细内容
组织环节	需进行周密的准备与细致的筹划，确保后勤支持工作的及时性与实效性。依据既定的培训计划与实际需求，精确设计课程内容，审慎选定讲师，准备相关辅助材料，并妥善安排开课前的各项组织工作。若培训形式为线下进行，还需特别关注培训场地的合理安排与布置
落实环节	应注重培训方案的实际执行效果，强化沟通协调机制，确保培训活动得以高效、有序地推进，从而实现既定的培训目标，达到预期效果
监控环节	对于保障培训工作严格按照既定标准体系进行，确保其正确性与高效性具有至关重要的意义。在监控全过程中，应确保各个环节均得到有效监管与把控，以维护培训活动的顺利进行并保障培训目标的顺利实现
改进环节	应运用多元化的测量工具对培训目标的达成情况进行客观、全面的评估与分析，并据此判断培训工作的有效性及成果。通过持续的改进与优化，为后续的培训工作提供有力的支撑与指导

6.5.2　培训体系的构建流程

企业培训体系的构建是一个系统“工程”，需要从多个方面入手，下面将结合前文讲到的三个部分总结出培训体系的构建流程图，如图 6-11 所示。

培训制度建设

↓

培训需求分析 → 深入分析企业培训需求，了解企业发展战略、培训资源、员工需求。通过沟通和调研收集信息，确定培训目标和需求，为构建培训体系打下基础，确保培训精准有效。

↓

制订培训计划 → 依据需求分析结果，制订详细培训计划，包括培训内容、方式、时间和地点。考虑不同岗位和层级需求，制定相应培训方案，确保计划与组织战略目标一致。

↓

培训课程设计 → 根据培训计划设计具体课程，选择教学方法和手段，编写教材，制作教学用具，准备资源。注重课程系统性、逻辑性和实用性，满足学员需求。

↓

招募培训师资 → 根据课程需求，遴选具备专业资质和丰富实践经验的讲师，确保其教学能力与课程目标匹配，并提供必要的教学培训与支持。

↓

实施培训课程 → 按计划实施课程，注意与员工互动沟通，解答员工问题，确保培训效果，根据反馈和实际情况，灵活调整优化课程。

↓

进行培训评估 → 培训结束后进行评估，包括满意度调查和学习成果测试。根据评估结果了解培训效果和问题，为改进提供依据，作为师资和课程质量反馈，提高培训体系质量。

↓

培养内部师资 → 建立专业的内部培训师队伍，选派有潜力的员工参加培训，并提供实践机会和指导，提高教学能力和专业水平。

图 6-11　培训体系的构建流程图

第7章

绩效考核流程：公平评估业绩，挖掘个人潜能

绩效考核作为人力资源管理工作中的一项关键组成部分，其流程化管理对于整个组织运行的效率和效果具有深远的影响。因此，将绩效考核的流程化管理纳入到人力资源流程管理之中，是确保组织运作顺畅和高效的重要步骤。

通过这样的流程，不但可以清晰地界定员工的工作目标和预期，确保每个员工都明白自己的职责所在，以及如何达成这些目标。还能够帮助管理层识别员工的强项和弱点，从而为员工提供针对性的培训和发展机会，进一步促进员工个人的成长和整个组织的发展。

7.1

绩效考核的四个方面

绩效考核是人力资源管理中一项重要的工作，它不仅关系到员工的个人发展和职业规划，而且直接影响着企业的整体运营效率和综合竞争力。通过科学、高效的绩效考核，既能够激励员工的工作积极性，也能帮助企业识别、培养和留住人才，为企业长远发展奠定坚实的人力资源基础。

从考核过程看，绩效考核包括四个方面，具体内容如图 7-1 所示。

图 7-1　绩效考核的四个方面

（1）绩效考核计划

绩效考核计划是企业用来评估员工工作表现和贡献的一套系统性的计划。它通常包括明确的绩效目标、评估标准、考核周期以及反馈机制。通过绩效考核计划，企业能够确保员工的工作目标与公司的战略目标保持一致，同时激励员工提高工作效率和质量。

为确保考核过程的规范性和公正性，HR 应制订详细的考核计划。包括考核周期、考核程序、考核方法、评分标准等方面的规定，确保考核过程按照预定目标和方向有序进行。

（2）绩效考核指标

绩效考核指标是衡量员工工作表现和贡献的一系列标准和尺度。它们通常包括定量和定性两个方面，旨在客观评估被考核者的工作效率、质量、团队合作能力以及对企业目标的贡献程度。通过这些指标，管理层可以对被考核者的工作成果进行评价，并据此做出晋升、薪酬调整或培训等决策。

（3）绩效考核沟通

进行绩效考核时应该与被考核者保持及时的沟通，及时了解被考核者的现状和情况，对于需要帮助者提供必要的支持。这些沟通既包括考核前，也包括考核后，如考核后应就考核结果及时与考核者沟通，让他们了解自己的绩效表现，明确改进方向。

（4）绩效考核评估

为确保考核计划实施的有效性，HR 应建立完善的机制，对考核结果进行评估，以便及时发现问题，并进行改进。主要内容包括考核过程的合规性、考核结果的公正性、被考核者的满意度等方面。

通过以上四个方面，HR 可以科学、公正、高效地评价被考核者的工作表现，激发他们的工作激情和创造力，推动企业目标的顺利实现。同时，为确保考核过程的规范、考核沟通的高效、考核结果的公正、考核反馈的及时及免受人为因素的干扰等，HR 应制定详细的考核流程，确保每一步都做到位。

7.2 绩效考核方案

7.2.1　绩效考核方案的内容

明确而具体的绩效考核方案是绩效考核工作得以顺利开展的前提，否则，就无法保证绩效考核的客观性、有效性，或者有可能偏离最初的设想。因此，HR 在正式展开考核前，必须按照预设流程制定完善的绩效考核方案。

制定绩效考核方案，首先要明确方案包括哪些内容。绩效考核方案的基本内容有五项，具体如表 7-1 所列。

表 7-1　绩效考核方案的基本内容

基本内容	详细解释
阐述考核目标	说明此次绩效考核要达到的目标。比如，通过客观、公正的评价机制，全面衡量被考核者在工作态度、工作能力及工作业绩等方面的表现，激发被考核者的积极性与创造力，推动企业整体业绩不断提升
界定考核内容	涵盖被考核者的工作态度、工作能力以及工作业绩等多个维度。在工作态度方面，重点考察被考核者的责任心、敬业精神及团队协作精神等要素；在工作能力方面，则聚焦于被考核者的专业技能水平、问题解决能力及创新能力等核心素质；在工作业绩方面，则根据被考核者所在岗位的特点及职责要求，设定具体的业绩指标与考核标准，以确保评价的针对性和有效性

续表

基本内容	详细解释
明确考核方法	考核方法主要包括定量、定性方法，或两者结合。定量考核主要依据被考核者在工作量、工作质量及工作效率等方面的实际表现进行评分；而定性考核则根据上级、同事及下级等多角度的反馈，对被考核者的工作表现进行综合评价。同时，在考核过程中要坚持公开、公平、公正的原则，确保考核结果的客观性与可信度
考核结果的应用说明	绩效考核结果一般作为被考核者晋升、薪酬调整及奖金发放等的重要依据。对于表现优秀的被考核者，我们将给予相应的奖励与晋升机会，以激励其继续发挥潜力，为企业创造更大价值；而对于表现不佳的被考核者，我们将进行有针对性的辅导与培训，帮助其改进工作表现，提升综合素质
绩效考核方案改进优化	绩效考核方案会随着企业实际情况及市场环境的变化而不断优化与完善。HR 需要定期收集被考核者对考核方案的反馈意见，及时调整并改进考核内容、标准及方法，以确保绩效考核工作始终符合企业的发展需求。同时，我们也将关注行业最佳实践及新兴评价理念，不断引入先进经验，提升绩效考核工作的科学性与有效性

绩效考核方案模板见附录：36。

7.2.2 制定绩效考核方案的流程

绩效考核方案的制定是一个严谨的过程，必须严格遵循既定流程。只有系统化的流程，才可以确保绩效方案的制定、执行、监控和评估各个环节紧密相连，形成一套闭环的体系，推动企业目标顺利实现。

绩效考核方案制定流程图如图 7-2 所示。

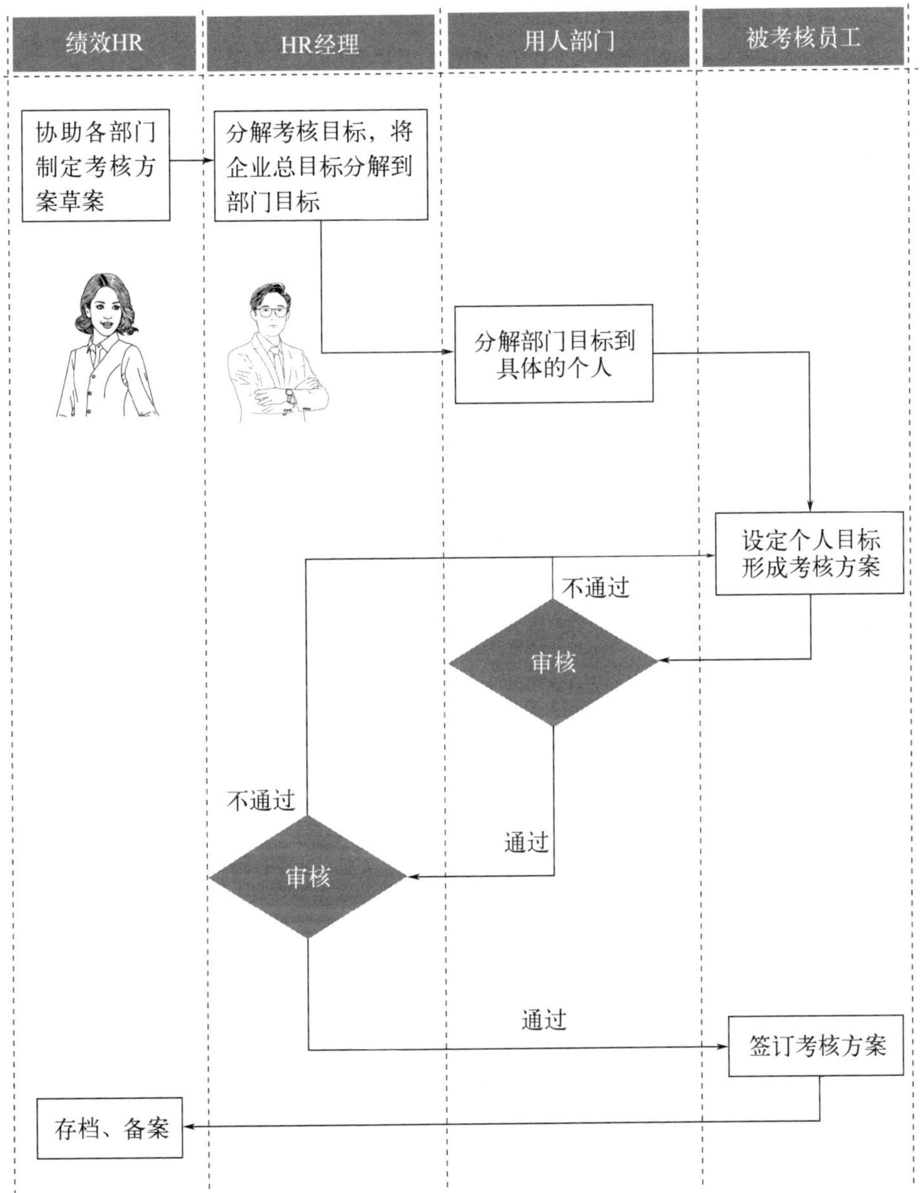

图 7-2　绩效考核方案制定流程图

7.3 绩效考核指标甄选

7.3.1 绩效考核指标的含义

指标是人们在说话、做事过程中遵循的一种行为规范，只有统一标准，才能分辨出好与差、强与弱、进步与落后。同样，绩效考核工作，也需要一套严格的标准来规范和约束。这里的标准指的就是“指标”，绩效考核活动必须在明确的指标指引下才能进行。

绩效指标的作用如图 7-3 所示。

图 7-3 绩效指标的作用

绩效考核指标实质上是对被考核者工作表现及成果进行量化、标准化的衡量工具。这些指标不仅反映了被考核者在特定时期内的工作成果，也体现了其工作能力和工作态度的优劣。利用这些指标 HR 可以更加精准地评估被考核者的工作表现，进而作出相应的奖惩决策。

指标有多种，通常是按照性质和考核内容来划分的。

（1）按指标性质分

按照指标的性质划分，有硬指标和软指标两类。

硬指标是基于统计数据而制定的考核标准，其核心在于以统计数据作为考核参考依据。这类指标通常以数据形式呈现，包括绝对数量（如日产量达到 100 件）和相对数量（如产品合格率达到 100%）等，具有客观性和可量化性。

软指标与硬指标相对，其依据主要基于多方调查取证、深入分析，对被考核者的评价主要依赖于考核者的主观判断和分析。如表现优秀、良好、一般等，因此具有较大的主观性和灵活性。

两类指标各有所长，在实际应用时要扬长避短，充分发挥它们的优势，将数据分析与人的主观能动性相结合，实现科学判断和推理。而单纯依赖硬指标或软指标均无法完成高质量的绩效考核工作。

硬指标、软指标的优势、劣势如表 7-2 所列。

表 7-2　硬指标、软指标的优势、劣势

指标	优势	劣势
硬指标	基于数学模型和统计数据，可靠性更高，受人的主观意志干扰少。无论考核者是谁，什么时间考核，其结果均不会出现太大差异	硬指标过于依赖数据，导致考核过程较为刻板，缺乏灵活性，难以充分发挥人的主观判断作用
软指标	当被考核的内容无法完全用数据体现时，软指标是最好的选择，能突破数据的局限，充分发挥人的智慧、经验和主观能动性	当考核所需的资料掌握得不充分，信息不精准，可靠性差，或指标难以量化时，指标的参考价值将受到较大限制

（2）按考核内容划分

考核指标按照考核内容划分，可分为业绩指标、能力指标以及态度指标三类。

① 业绩指标。业绩指标主要衡量被考核者的工作成果和对团队目标的贡献程度。比如，考核销售人员的业绩指标就包括销售额、完成项目数量、客户满意度等。业绩指标与预设的绩效目标紧密关联，其评价结果直接反映绩效的达成情况，可能是阶段性目标达成情况，也可能是年度总目标完成情况。业绩指标包括的内容如表 7-3 所列。

表 7-3　业绩指标包括的内容

业绩指标	详细内容
工作完成度	直接反映了被考核者在工作方面的业绩，是衡量其工作能力和工作成果最有效的直观数据
工作完成数量	体现了被考核者的工作效率和对工作的控制能力，它能够展示其在一定时间内完成任务的能力和速度
客户满意度	是衡量被考核者工作能否让客户满意的重要指标，它可以通过客户调查和反馈来实现。高客户满意度通常意味着企业能够更好地满足市场需求，从而在竞争中占据优势

② 能力指标。能力指标是针对被考核者个人能力而设定的一种评价标准，侧重于被考核者的专业技能、解决问题的能力、团队合作精神等，这些指标往往通过评估和测试来确定。

能力指标通常涵盖人际交往能力、影响力以及领导能力等多个方面。进一步细分，人际交往能力则包括建立良好关系、团队协作以及解决矛盾的能力等要素。

能力指标的类型如表 7-4 所列。

表 7-4　能力指标的类型

指标类型	考核具体项目
管理能力指标	管理
	评估
	反馈
	授权

续表

指标类型	考核具体项目
影响力指标	沟通力
	说服力
	应变能力
	言行影响力
人际交往指标	建立良好关系的能力
	团队协作能力
	协调能力
	解决矛盾的能力

③ 态度指标。在实际工作中，为什么有些工作能力出众的人未能获得较高的工作绩效，而某些能力一般但态度认真的人却能得到较高的绩效，这正是体现了态度的重要性。工作态度指标在绩效评估中非常重要，多用来评估被考核者的工作积极性、责任心、遵守企业规章制度情况等。

态度指标包括的内容如表 7-5 所列。

表 7-5　态度指标包括的内容

指标类型	考核具体项目
积极性指标	积极学习行业知识、掌握工作技能
	对工作的抵触程度
协作性指标	是否能主动协助上级，帮助同事
	能否与同事保持良好的合作关系
责任性指标	对工作失误、造成损失的态度
	对工作的态度，能否负责任地完成工作
纪律性指标	是否按时上下班
	请假、串岗、离岗等情况
	是否经常在上班时间做说笑打闹等与工作无关的事

7.3.2 选择绩效考核指标的原则

绩效考核指标的确定是绩效考核管理中至关重要的一环。它直接关系到对被考核者的考核是否公正公平。因此，HR 在选择绩效考核指标时要综合多方面因素考虑，严格按照原则进行，确保所选的指标能全面地衡量被考核者的表现。

选择绩效考核指标的四个原则，如图 7-4 所示。

图 7-4 考核时选择绩效考核指标的四个原则

(1) 匹配原则

匹配原则是指，该指标不但要符合被考核者的内容特点，还要有战略高度。即能够体现企业的战略目标、企业的发展方向及各部门、各岗位的实际情况。其实，指标在设计阶段，就是从企业战略需求、部门需求，最后到被考核者个人需求层层分解下来的，虽然最终是要落实到具体的被考核者身上，但一定首先是符合企业和部门需求的。

（2）量化原则

量化原则是指，该指标具有量化性，除一部分态度类指标外，一般要求所有的指标都要能通过具体的数据体现。

指标的量化有助于更客观、公正地评价被考核者的工作成果。即使一些难以量化的定性指标，也可以采用定性评价的方式设定明确的评价标准，以便对被考核者进行精准评估。

（3）平衡原则

选择绩效考核指标时还应遵循平衡原则，即指标既要考核被考核者看得见的绩效，也要注重其工作态度、团队协作等较隐形的一面。只有这样，才能全面、客观地评价被考核者，激发被考核者的工作积极性和创造力。

（4）民主原则

选择绩效考核指标时还要坚持民主原则，在正式启用指标前，应充分征求被考核者的意见和建议。被考核者是绩效考核的主体，他们的意见和建议对于完善绩效考核具有重要意义。因此，在确定绩效考核指标时，HR 应积极与被考核者沟通，听取他们的想法和建议，使所选指标更加贴近实际、更具可操作性。

总之，绩效考核指标的确定，需要 HR 综合考虑企业战略、被考核者特点、工作性质等多方面因素，确保指标既具有挑战性又具备可实现性。

7.3.3　确定绩效考核指标的流程

绩效考核指标，特别是关键绩效考核指标的确定，需要遵循既定的流程。以某企业绩效考核指标的确定为例，考核对象是销售团队和销售人员，该企业基于企业战略目标和各主管部门的直接或间接需求，从多类指标中遴选出最能反映实际情况的指标。

图 7-5 所示是该企业销售考核指标体系组织架构。

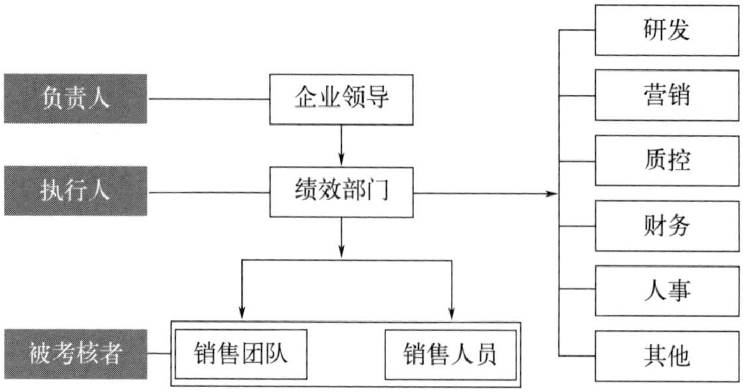

图 7–5　某企业销售考核指标体系架构

图 7–6 所示是该企业销售考核指标体系运行流程。

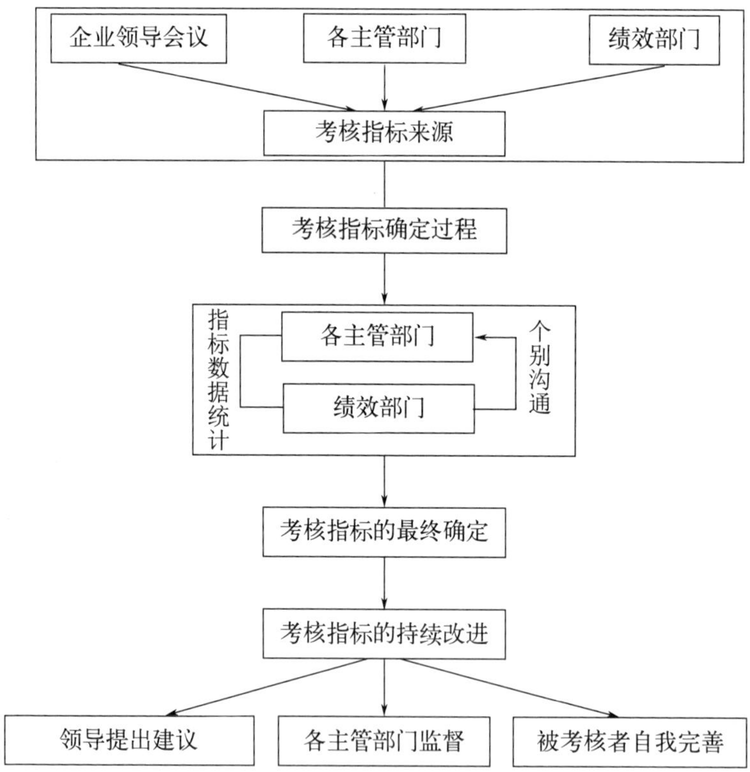

图 7–6　某企业销售考核指标体系运行流程

7.3.4　确定绩效考核指标权重的流程

在绩效考核指标确定的过程中会涉及一个重要概念：指标权重。指标权重至关重要，权重的高低直接决定着某一考核指标在整个绩效考核体系中的重要程度。

以昆明某企业的客服为例，该部门精心挑选了八项考核指标，它们分别是A 成本费用利用率、B 服务态度高评价率、C 服务质量高评价率、D 客服拜访计划完成率及效率、E 问题及时答复率、F 客户主动参与反馈率、G 部门协调、H 部门费用控制。

那么，这八项考核指标是如何确定的呢？其详细流程如下。

流程 1：将八项指标进行排序，每位评价者需独立对各项指标进行排列。指标排序表如表 7-6 所示。

表 7-6　指标排序表

排序指标	评价者								
	1	2	3	4	5	6	7	综合指数	综合排序
成本费用利用率	3	4	4	3	3	3	4	24	3
服务态度高评价率	1	2	2	1	2	1	2	11	2
服务质量高评价率	2	1	1	2	1	2	1	10	1
客服拜访计划完成率及效率	5	3	3	7	4	7	3	32	4
问题及时答复率	6	5	8	8	5	8	5	45	7
客户主动参与反馈率	4	8	7	6	6	4	6	41	5
部门协调	7	7	5	4	7	6	7	43	6
部门费用控制	8	6	6	5	8	5	8	46	8

流程 2：针对各项指标进行两两对比，实现指标的量化。指标量化等级表如表 7-7 所示。

表 7-7　指标量化等级表

比较情况	量化得分
如果两个指标一样重要	1
如果一个指标与另一个指标相比较而言是略微重要的	2
如果一个指标与另一个指标相比是比较重要的	3
如果一个指标与另一个指标相比较而言是非常重要的	4

流程 3：基于上述各指标的综合指数与排序结果，运用两两比较法构建核价表。指标两两比较核价表如表 7-8 所列。

表 7-8　指标两两比较核价表

项目	A	B	C	D	E	F	G	H	$\sum \alpha_{ij}$
A	1	1/2	1/2	2	3	2	3	4	16
B	2	1	1/2	2	4	3	3	4	39/2
C	2	2	1	3	4	3	4	4	23
D	1/2	1/2	1/3	1	3	2	2	3	37/3
E	1/3	1/4	1/4	1/3	1	1/2	1/2	2	19/6
F	1/3	1/3	1/4	1/2	2	1	2	3	103/12
G	1/3	1/3	1/4	1/2	1/2	1/2	1	2	65/12
H	1/4	1/4	1/4	1/3	1/2	1/3	1/2	1	31/12

流程 4：假设 A、B、C、D、E、F、G、H 的权重系数分别为 α_1、α_2、α_3、α_4、α_5、α_6、α_7、α_8。根据公式 $\alpha_i=(\alpha_{ij}/\sum\alpha_{ij})\times100\%$，进行权重系数的计算。

具体计算过程如下：

$$\alpha_1=[16/(16+39/2+23+37/3+19/6+103/12+65/12+31/12)]\times100\%$$
$$=17.67\%$$

同理，

$$\alpha_2=[39/2/(16+39/2+23+37/3+19/6+103/12+65/12+31/12)]\times100\%=21.53\%$$

$$\alpha_3=[23/(16+39/2+23+37/3+19/6+103/12+65/12+31/12)]\times100\%=25.39\%$$

$$\alpha_4=[37/3/(16+39/2+23+37/3+19/6+103/12+65/12+31/12)]\times100\%=13.62\%$$

$$\alpha_5=[19/6/(16+39/2+23+37/3+19/6+103/12+65/12+31/12)]\times100\%=3.50\%$$

$$\alpha_6=[103/12/(16+39/2+23+37/3+19/6+103/12+65/12+31/12)]\times100\%=9.48\%$$

$$\alpha_7=[65/12/(16+39/2+23+37/3+19/6+103/12+65/12+31/12)]\times100\%=6.00\%$$

$$\alpha_8=[31/12/(16+39/2+23+37/3+19/6+103/12+65/12+31/12)]\times100\%=2.85\%$$

通过上述计算，得出各指标的权重系数。指标权重系数表如表 7-9 所列。

表 7-9　指标权重系数汇总表

指标代码	指标名称	权重系数（保留两位小数）
A	成本费用利用率	17.67%
B	服务态度高评价率	21.53%
C	服务质量高评价率	25.39%
D	客服拜访计划完成率及效率	13.62%
E	问题及时答复率	3.50%
F	客户主动参与反馈率	9.48%
G	部门协调	6.00%
H	部门费用控制	2.85%

表中权重系数通过两两比较法（AHP 层次分析法）计算得出，各指标权重反映其相对重要性。

总和验证：权重总和为 100.04%（四舍五入，误差在合理范围内）。

关键指标：

C（服务质量高评价率）权重最高（25.39%），为核心关注指标；

B（服务态度高评价率）次之（21.53%），体现服务软实力的重要性；

A（成本费用利用率）和 D（客服拜访计划完成率及效率），权重适中（17.67%、13.62%），反映对成本和执行效率的平衡；

其他指标（E、F、G、H）权重较低，需根据实际情况补充优化。

7.4 绩效沟通流程

7.4.1 绩效沟通的六个阶段

绩效沟通是绩效管理过程中不可或缺的一环，它不仅涉及对被考核员工工作表现的评价，还包括对他们未来发展的指导和激励。有效的绩效沟通能够帮助被考核员工明确工作目标，理解企业目标，同时也能及时发现并解决其在工作中遇到的问题，共同制订切实可行的改进计划。

绩效沟通是考核者与被考核者之间的持续互动的过程（图 7-7），其目的在于确保双方就考核内容、考核时间及各个事项达成一致，共同推动个人目标与企业目标的协同。

绩效沟通一般可分为六个阶段，每一阶段又有着各自的目标、任务和操作流程，共同构成一套完整而严谨的沟通体系。

绩效沟通的六个阶段如图 7-8 所示。

图 7-7　绩效沟通的定义

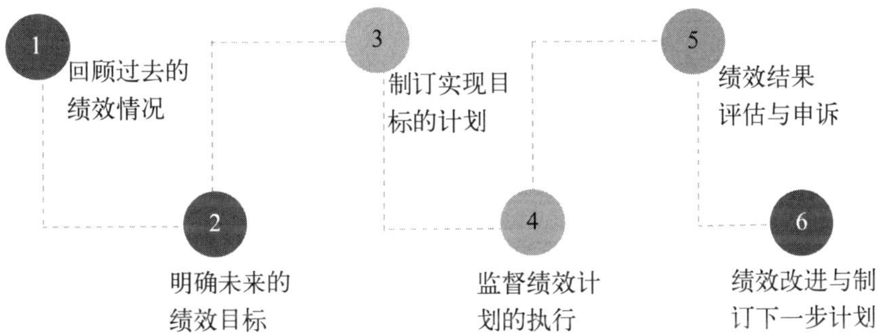

图 7-8　绩效沟通体系的六个阶段

7.4.2　回顾过去的绩效情况

与被考核者回顾过去的绩效情况是绩效沟通的主要环节，也是考核者的主要职责之一。考核者可以与被考核者共同回顾过去一段时间的工作成果，分析存在的问题，并以此为基础设定未来的目标与计划。

有效的绩效回顾能够帮助被考核者明确地认识自己，理解企业的期望，从而在未来工作中激发出更大的积极性和创造力。

绩效回顾过程中涉及的内容大体可以分为三个板块，具体如图 7-9 所示。

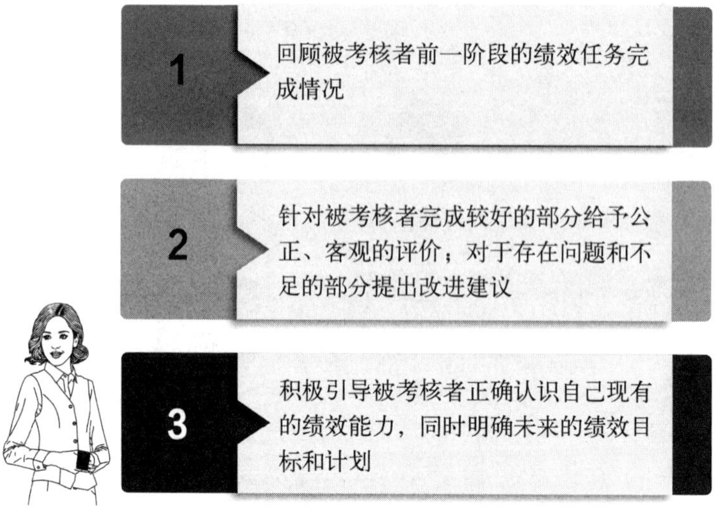

图 7-9　绩效回顾过程中涉及的内容

绩效回顾过程中，除了考核者要做好分内之责外，被考核者也要积极配合，做好自己应该做的事情。被考核者的职责如表 7-10 所列。

表 7-10　绩效回顾过程中被考核者的职责

职责	具体内容
总结过去一段时期内绩效目标实现程度	全面总结自己在过去一段时期内绩效目标的实现程度，取得了哪些成绩，还有哪些不足，并在上级指导下深入分析，找到解决方案
完成最终评分，并确认无误	与考核者就过去一段时期的绩效目标完成情况进行评估，并在确认无误后签署评估表（如有疑义，可提出暂缓签署）
提交新阶段的绩效目标和计划	主动提交自己在新阶段的绩效目标、计划，并与上级深入讨论，客观分析目标、计划的合理性和可行性，确保其既符合个人发展规划，又有助于企业整体目标的实现

需要注意的是，考核者与被考核者在这一阶段的沟通不同于平时聊天，必须遵循独特的流程，如图 7-10 所示。

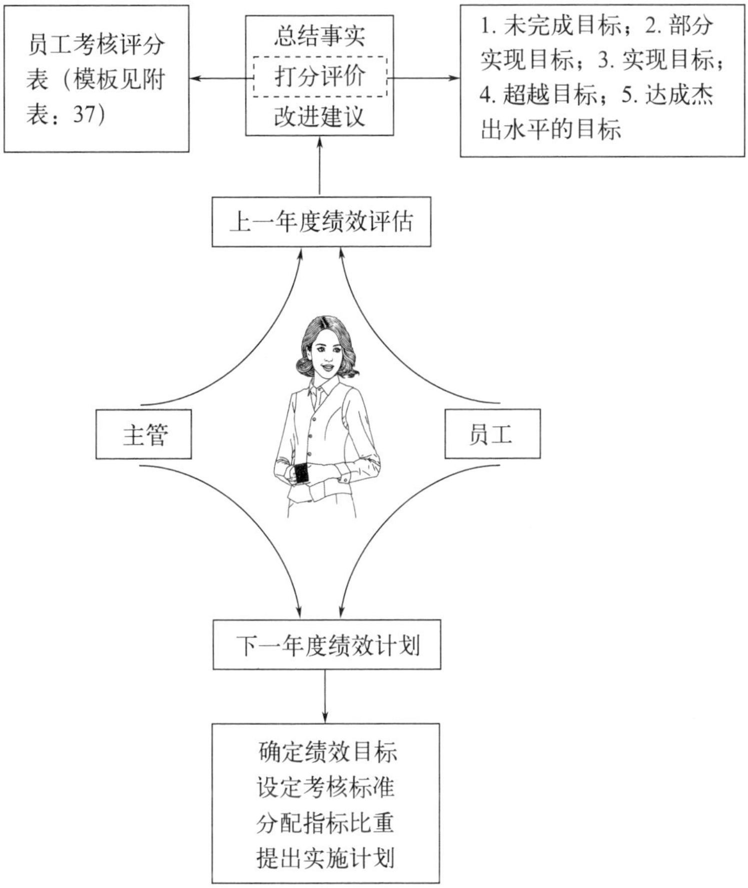

图 7-10　回顾过去绩效情况的流程

7.4.3　明确未来的绩效目标

明确绩效目标阶段的主要任务是确保企业各部门及所有员工就绩效目标达成一致，确保绩效考核的有效性。

绩效目标的确定一般是通过公告发布的形式，由上而下，层层下发。一般是先由人力资源部门在企业战略总目标的指导下，确定沟通目标，然后向被考核部门的总经理或负责人下发，部门总经理或负责人再结合部门目标对总绩效目标进一步细化，传递至被考核员工。

① 企业领导：全面阐述企业的战略目标、过去一年或未来一年的绩效目标、工作重点，确保各个部门对这些内容有全面的认识和精准的理解。

② 各部门负责人：在企业总目标的指导下，结合自身实际形成部门目标；同时，向员工详细解读部门目标，确保每位员工确定自己的具体工作任务和绩效要求。

③ 员工：将部门目标进一步分解，形成个人目标，并确保个人目标与企业目标、部门目标保持一致。

绩效目标分解流程如图 7-11 所示。

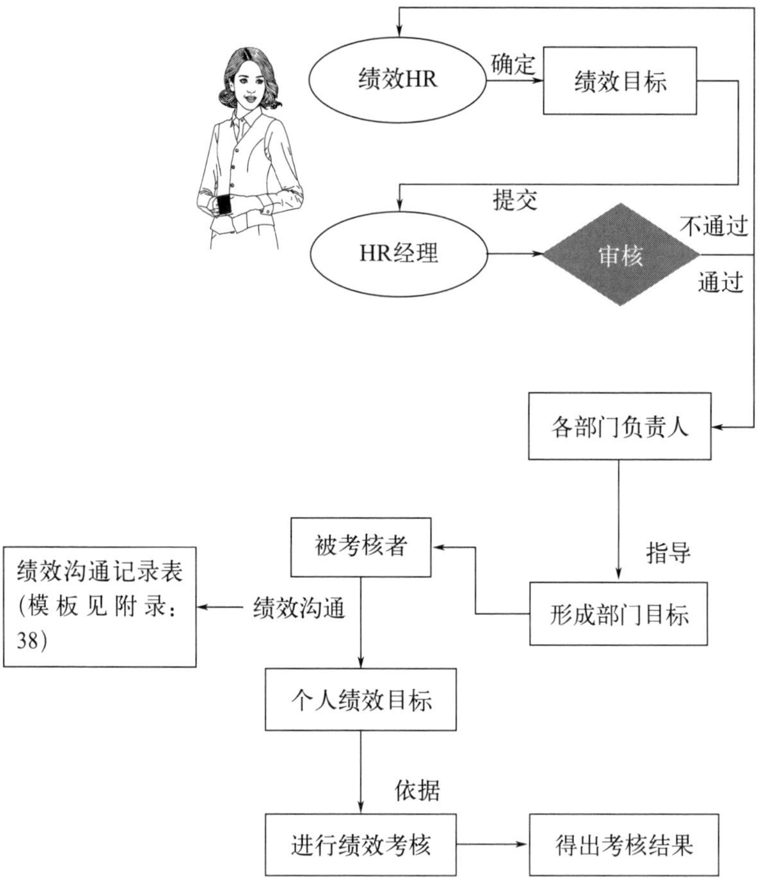

图 7-11　绩效目标分解流程

7.4.4　制订实现目标的计划

明确目标之后，就是制订实现目标的计划，这一阶段是确保企业、部门和个人目标得以实现的关键，它有助于各级被考核者明确自己的绩效目标，以及如何做才能实现目标。

（1）针对不同阶层目标，制订详细的计划

被考核者在制订计划时，需要针对每个阶层的目标进行详细的计划，就每一个目标进行深入分析。包括目标的具体内容、完成时间，以及实现目标所需资源等。同时，还预测在目标实现过程中可能面临的问题和遇到的挑战。

（2）修订计划中存在的问题或不完善之处

在制订初步计划后，接下来就是对计划进行优化和修订，确保计划的可行性和有效性。具体包括自身存在的问题分析、风险评估、实施过程中可能遇到的隐性挑战及应对措施。

此外，修订时要与所有人充分沟通，取得大家对计划的理解和支持。具体可以通过召开会议、小组讨论或一对一沟通等方式实现。通过多种形式的沟通可以充分放大计划中的问题，采纳每一位成员的意见、建议，为成功改善计划提供更多保障。总之，最终确定的计划必须是一个大家认可的、具体的、可执行的方案。

（3）填写绩效计划表

为保证实施的有效性，需要填写绩效计划表（模板见附录：39），该表格是计划的重要载体。

在填写绩效计划表时需要注意图 7-12 所示的四点。

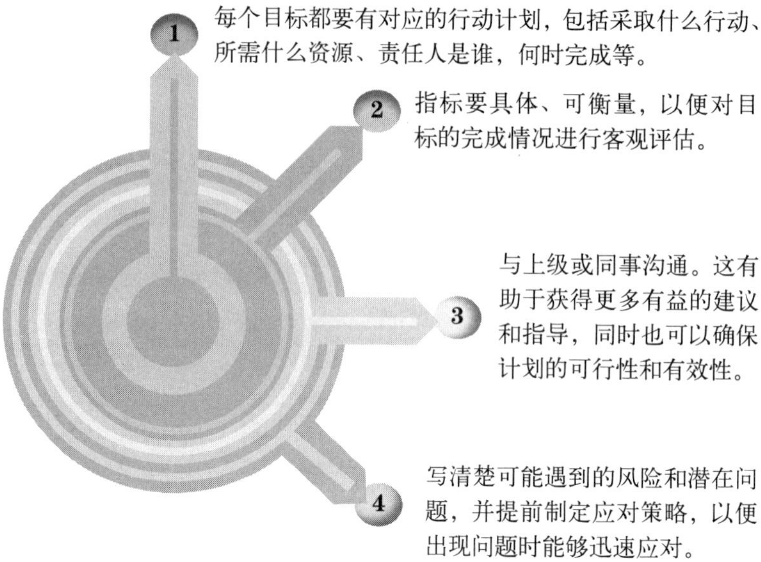

图 7-12 填写绩效计划表的注意事项

总之，绩效计划是实现绩效目标的重要内容之一，通过制订计划、修订计划和认真填写绩效计划表，便可以形成一个切实有效的计划，为绩效目标的顺利实现保驾护航。

7.4.5 监督绩效计划的执行

在绩效计划的实施过程中，必须进行适当的监督，否则难以保证工作按计划顺利进行。这是因为，没有监督的实施过程可能会偏离既定目标，导致资源的浪费和效率的降低。监督工作能够确保每个环节都按照预定的计划执行，及时发现和解决问题，从而提高整个计划的执行效率和效果。

绩效计划的监督可以通过三种方式来实现，如图 7-13 所示。

定期检查以确保绩效计划的每个阶段都达到预期目标，同时也能及时发现计划执行中的偏差和不足。构建反馈机制，可以促进信息的流通，让管理层和执行层之间能够及时沟通，共同解决问题。调整计划本身，则是为了确保绩效计划能够灵活应对市场变化和企业内部的调整需求，保持其相关性和有效性。

图 7-13　绩效计划监督的三种方式

绩效计划的监督不仅限于内部管理，它还涉及与外部环境的互动。HR 需要关注市场动态、行业趋势以及政策法规的变化，这些外部因素都可能对绩效计划产生影响。因此，监督工作有时候也需要对外部环境进行监测和分析，确保绩效计划能够及时响应外部变化，保持企业的竞争力。

7.4.6　绩效结果评估与申诉

在绩效沟通的后期，还有重要的一步不可忽视，即考核者需要对被考核者的考核结果进行全面评估，并针对其中的不足提出改进意见。这不但有利于帮助被考核者及时发现问题、解决问题，调整行动计划的方向和重点，还是一个提升团队凝聚力和协作精神的重要机会，可以促进团队成员之间的沟通和交流，增强团队的凝聚力和向心力。

绩效结果评估是对员工在一定时期内工作成果、能力和态度的综合评价过程。评估的方法有很多，主要可以总结为两个方面，一个方面是可以让被考核者先自己分析遇到的问题，就结果的关键节点和难点进行深入分析和讨论。另一个方面是邀请外部专家或顾问提供独立的意见和建议，帮助被考核者更好地把握行动计划的实施情况和改进方向。

那么，具体应该如何做呢？图 7-14 所示是绩效结果评估的一般流程。

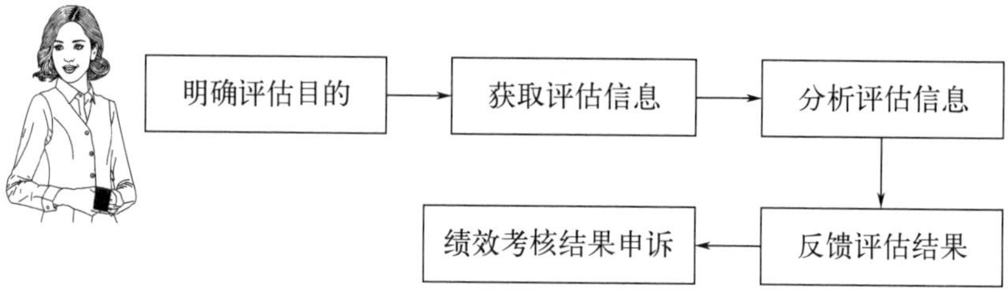

图 7-14　绩效结果评估的流程

① 明确评估目的。人力资源部门要明确评估目的，不仅是为了激励员工、提升绩效，还是为了进行薪酬调整、职位晋升等。同时，结合不同的目的制定绩效评估办法，包括工作成果、工作技能、工作态度等方面的具体要求，并设计相应的评估表格，发放给被考核员工和相关部门。

② 获取评估信息。在进行评估之前，HR 应全面、充分搜集被考核者的信息，同时要保证信息的全面、准确，能够客观反映被考核者的绩效。这些信息是评估的重要依据，信息越多，越真实，对评估越有利。

获取评估被考核者的信息主要可以通过表 7-11 所列的五种途径。

表 7-11　获取被考核者信息的途径

途径	具体内容
被考核者本人	在进行绩效评估时，被考核者本人是最为可靠的信息来源。首先应当倾听其自我评估，这有助于提升被考核者的自我参与意识，并促进其自我改进。 然而，自我评估亦存在缺陷，即个人可能因主观认知偏差或局限性，导致评估结果缺乏客观性。一些人倾向于低估自己，而另一些人则可能高估自己。因此，在要求被考核者进行自我评估时，必须确保其保持客观，真实反映自身表现，并具备理性认识

续表

途径	具体内容
上级	被考核者的上级是另一个重要的评估信息来源，例如主管或部门经理。通常情况下，上级对下属的工作表现有直接且深入的了解，其评估信息具有较高的权威性和参考价值。但是，上级提供的信息有时也存在局限性，例如上下级之间沟通不足，或上级对下属存在误解和偏见，这些因素都可能影响信息的客观性和公正性
同事	同事评估是评估体系中的关键部分。由于同事之间接触频繁，他们对被评估者的状况有全面的了解，能够提供真实的信息。但如果相互之间存在利益冲突，可能会导致信息失真，影响到评估结果
下属	对于拥有下属的被考核者，可以考虑从其下属那里收集信息。尽管这些信息的可靠性可能不是最高的，但它们对于培养企业民主氛围、增强企业凝聚力具有不可忽视的作用。下属提供的信息有助于完善领导能力，并起到权力制衡的效果
客户	相较于前述几种信息来源，客户提供的信息更为客观和公正，因为它是基于外部评价。客户与被评估者之间不存在直接利益关系，因此评估结果较少受到利益因素的影响。然而，客户评估也面临一定的挑战和局限性，例如信息获取量有限，难以形成统一的评估标准等

③ 分析评估信息。对搜集的信息进行系统整理与深入分析，比较被评估者的实际工作成效与既定评估标准之间的差异，从而识别他们的长处与短板。

④ 反馈评估结果。及时将评估结果告知被评估者，以便他们了解自身的业绩表现及需改进之处。同时，鼓励员工提出反馈意见和建议，以推动评估流程的持续优化。（绩效确认反馈表模板见附录：40）

⑤ 绩效考核结果申诉。绩效考核结果申诉是被考核者维护自身权益、确保考核过程公平与公正的关键途径。若被考核者对绩效评估结果存有异议，可依照既定程序提出申诉，并请求进行复评（绩效考核结果申诉表模板见附录：41）。

绩效考核结果申诉流程图如图 7-15 所示。

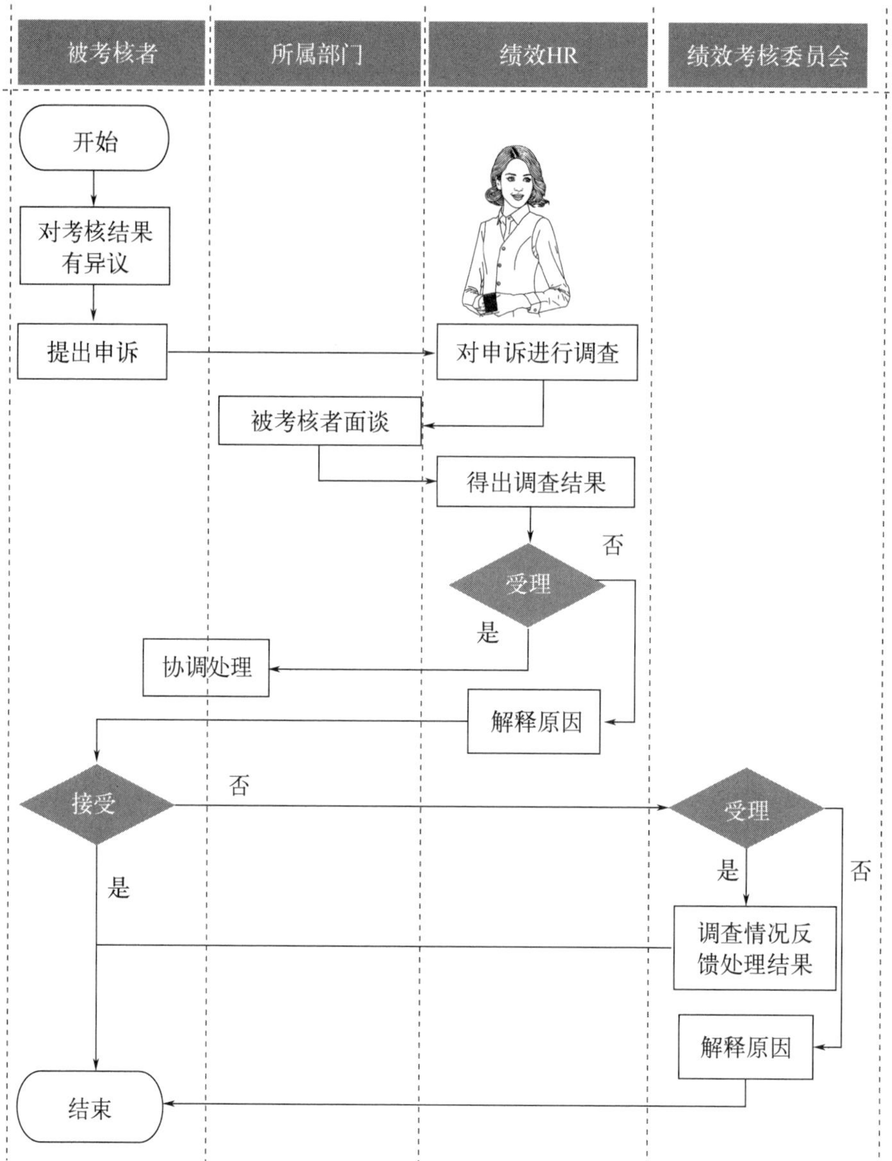

图 7-15　绩效考核结果申诉流程图

7.4.7　绩效改进与制订下一步计划

绩效改进与制订下一步工作计划是提升企业绩效和个人工作效率不可或缺的一步。所以，在评估结果出来之后，考核者要与被考核者商量，共同拟定改进方案，明确被考核者需要提升和改进的地方。同时，为他们提供必要的培训和资源支持，制订下一步绩效计划。

绩效改进流程图如图 7-16 所示。

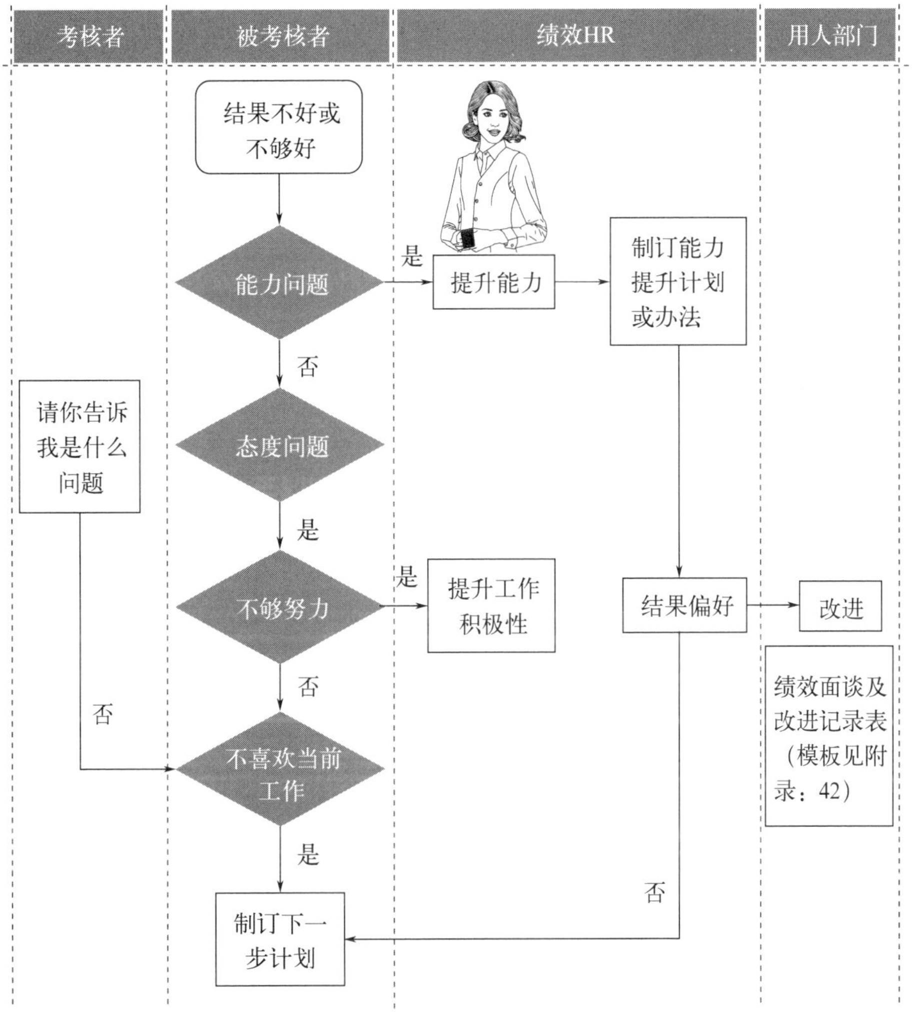

图 7-16　绩效改进流程图

另外，在绩效改进的过程中还会涉及一些表格，比如，绩效改进计划表。

第8章

薪酬福利管理流程：完善收入体系，提升员工幸福感

薪酬福利管理是人力资源管理中一个至关重要的组成部分，它与每一位员工的直接利益息息相关。一个科学且合理的薪酬福利管理流程对于企业而言，不仅是其持续发展和竞争力提升的关键要素；对于员工来说，也是实现个人价值和职业目标的重要途径。

因此，HR 在设计薪酬福利体系时，必须考虑到各种因素，包括市场定位、内部公平性、激励机制以及合规性等，确保体系能够吸引、留住并激励人才，同时也要符合企业的财务状况和战略目标。

8.1

薪酬福利管理流程化

薪酬福利管理是人力资源管理的一个重要部分，好的薪酬福利管理流程不仅体现在薪酬发放的公平、公正上，还体现在员工满意度，以及企业整个人力资源管理效率的提升上。

建立薪酬福利管理流程的重要性体现在三个方面，具体内容如图 8-1 所示。

图 8-1　建立薪酬福利管理流程的重要性

（1）有助于薪酬发放得公平、公正

在传统管理模式下，薪酬在发放过程中容易出现错误和遗漏，这不仅影响员工的直接利益，也损害了企业的形象和信誉。而流程管理模式下，通过明确薪酬福利管理的责任分工，确立既定的步骤、程序和标准，可以确保每个环节都有专人负责，从而显著提升薪酬发放的准确性、公正性，同时也可以有效预防因责任不明确而引发的薪酬纠纷。

（2）有助于提升人力资源管理效率

薪酬福利管理流程简化、标准化了原本复杂烦琐的工作，使得人力资源部门能够更加便捷和高效地处理核心事务。更进一步讲，通过对薪酬数据的深入挖掘和分析，人力资源部门获得了更多有价值的信息和决策依据，从而可以更合理地制定薪酬策略、优化薪酬结构，进一步提升人力资源管理水平。

（3）有助于提升员工的满意度

薪酬是员工极为关注的利益点之一，一个公平、透明、高效的薪酬福利管理流程能够让员工感受到企业的尊重和关怀，从而提高其满意度。

例如，薪酬福利管理流程通过规范薪酬福利管理章程、提升薪酬发放的透明度，使员工更加清晰地了解自己的薪酬构成和发放情况，进而增强对企业的信任感和归属感。

综上所述，薪酬福利管理流程是现代企业人力资源流程管理中不可或缺的一部分。作为人力资源从业者，必须高度重视薪酬福利管理的流程化，以应对日益激烈的市场竞争和不断变化的员工需求，持续优化和完善薪酬福利管理体系。

8.2 薪酬福利体系构建流程

8.2.1 薪酬福利体系的组成部分

薪酬福利体系是企业为激励员工，根据其岗位职责、能力、绩效等设计的一套完整的薪酬结构。薪酬结构通常包括基本工资、绩效奖金、福利待遇等多个部分。

薪酬福利体系各个部分的具体内容如表 8-1 所示。

表 8-1　薪酬福利体系各个部分的具体内容

组成部分	具体内容
基本工资	是员工最基本的劳动收入，企业通常根据员工所处的岗位、担任的职责而定
奖金	因员工工作表现好、业绩达标而给予的额外奖励
福利	法律规定的各种补贴、保险或个性化福利方案
其他待遇	薪酬福利体系除了基本工资、奖金、福利等之外，还包括企业根据自身情况设置的个性化薪酬。这往往是最具有吸引力的。例如：有的企业会引入股权激励机制，让员工成为企业股东，共享企业发展成果；还有的企业会设立创新奖励机制，鼓励员工提出新的想法和解决方案，为企业创新发展贡献力量

人力资源部门作为构建薪酬福利体系的核心参与者，在设计过程中必须进行全面而综合的考量。具体而言，可以从以下四个方面着手。

（1）以企业战略目标与发展计划为核心

薪酬福利体系的构建需与特定时段内的企业战略目标和发展计划相一致，既要体现员工利益，更要体现企业的整体利益，达到推进企业发展的目标。

（2）兼顾公平与效率

薪酬福利体系要确保员工的劳动得到公正的回报，同时避免过分依赖薪酬激励，忽视其他激励方式的重要性。

（3）保持可调整性

鉴于企业经营状况和市场环境的不断变化，薪酬福利体系必须有适时调整和优化的能力，这就要求 HR 在设计薪酬福利体系时能充分预见各种潜在变化，并制定相应的应对措施。

（4）积极征求员工的意见和建议

通过定期举办薪酬沟通会议、开展员工满意度调查等方式，收集员工对薪

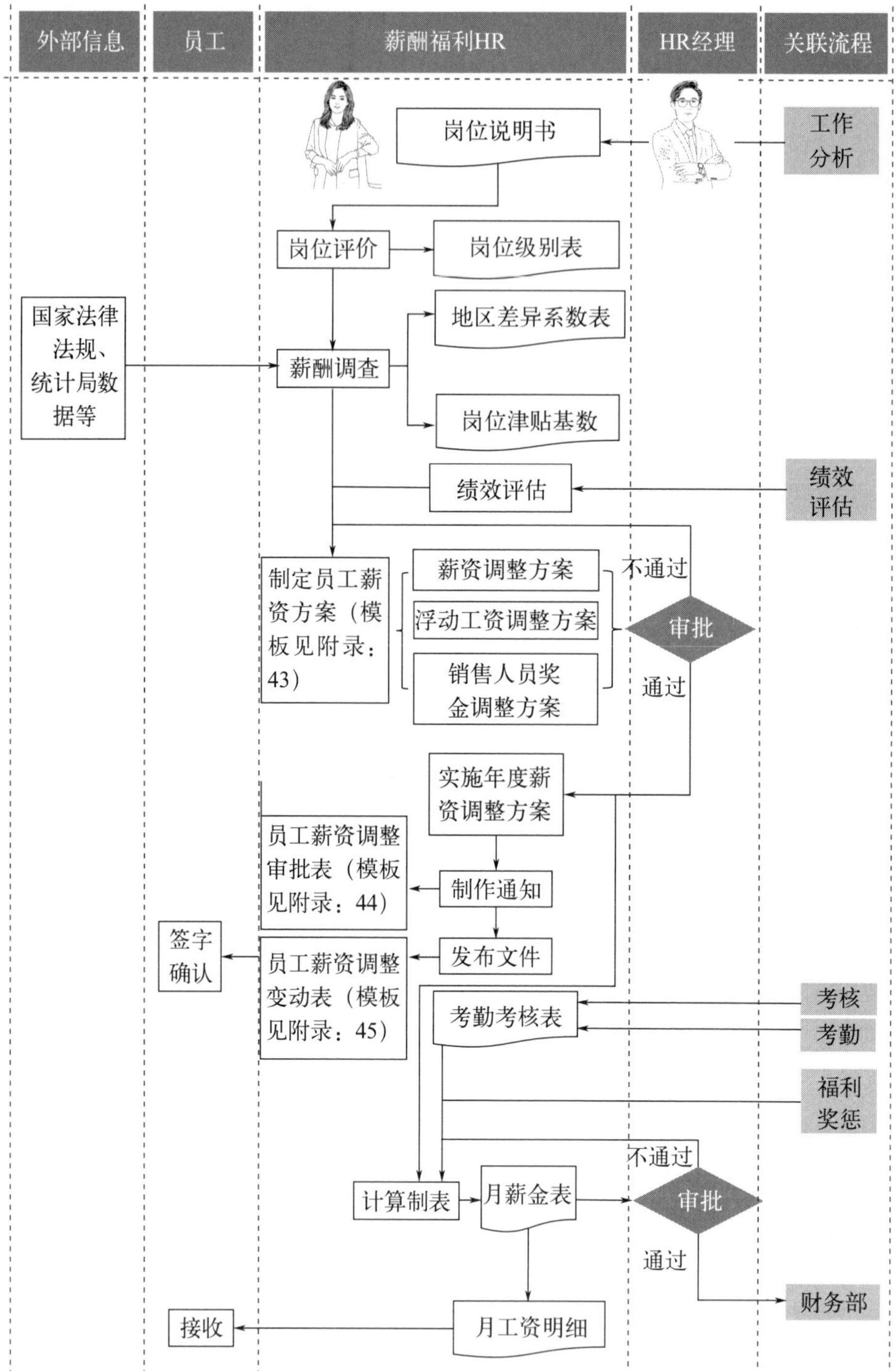

图 8-2　薪酬福利体系整体架构流程图

酬福利体系的看法和建议，及时发现并解决存在的问题。同时，积极向员工宣传薪酬福利体系的优势和作用，增强员工对薪酬福利体系的认同感。

8.2.2　薪酬福利体系整体架构流程

由于设计薪酬福利体系时需要考虑包括企业战略目标、员工期望和需求、行业薪酬水平等多方面的因素。所以，HR 要科学谋划、认真分析，一步步去做。

这就需要 HR 建立科学的流程，以流程来指导具体行为。薪酬福利体系整体架构流程图如图 8-2 所示。

构建薪酬福利体系是一项复杂且细致的工作，它不仅需要人力资源部门的参与，还需要财务部门、用人部门等其他相关部门的协作。在建立该体系的过程中，既要对整体薪酬进行周密规划，又需对各种薪酬形式如基本工资、绩效工资、保险、奖金、福利等分支分别进行流程梳理。

每个薪酬分支都具备其特定的规则、标准和发放程序，因此，对于每个分支而言，制定一套详尽的流程是必要的。接下来，将分别阐述薪酬福利体系中各分支的管理流程，细致描绘从计划制订到执行的整个过程。

8.3　薪酬福利体系各分支的管理流程

8.3.1　工资、奖金管理流程

工资、奖金两者通常是综合在一起进行管理的，这一概念范畴比较广泛。比如：根据性质不同，可以划分为基本工资、绩效工资及绩效奖金等；根据领取人员的不同，又可分为新员工工资、正式员工工资和特别奖等。总而言之，其涉及流程相当繁多，需要分门别类，有针对性地对待。

年度人工成本测算流程如图 8-3 所示。

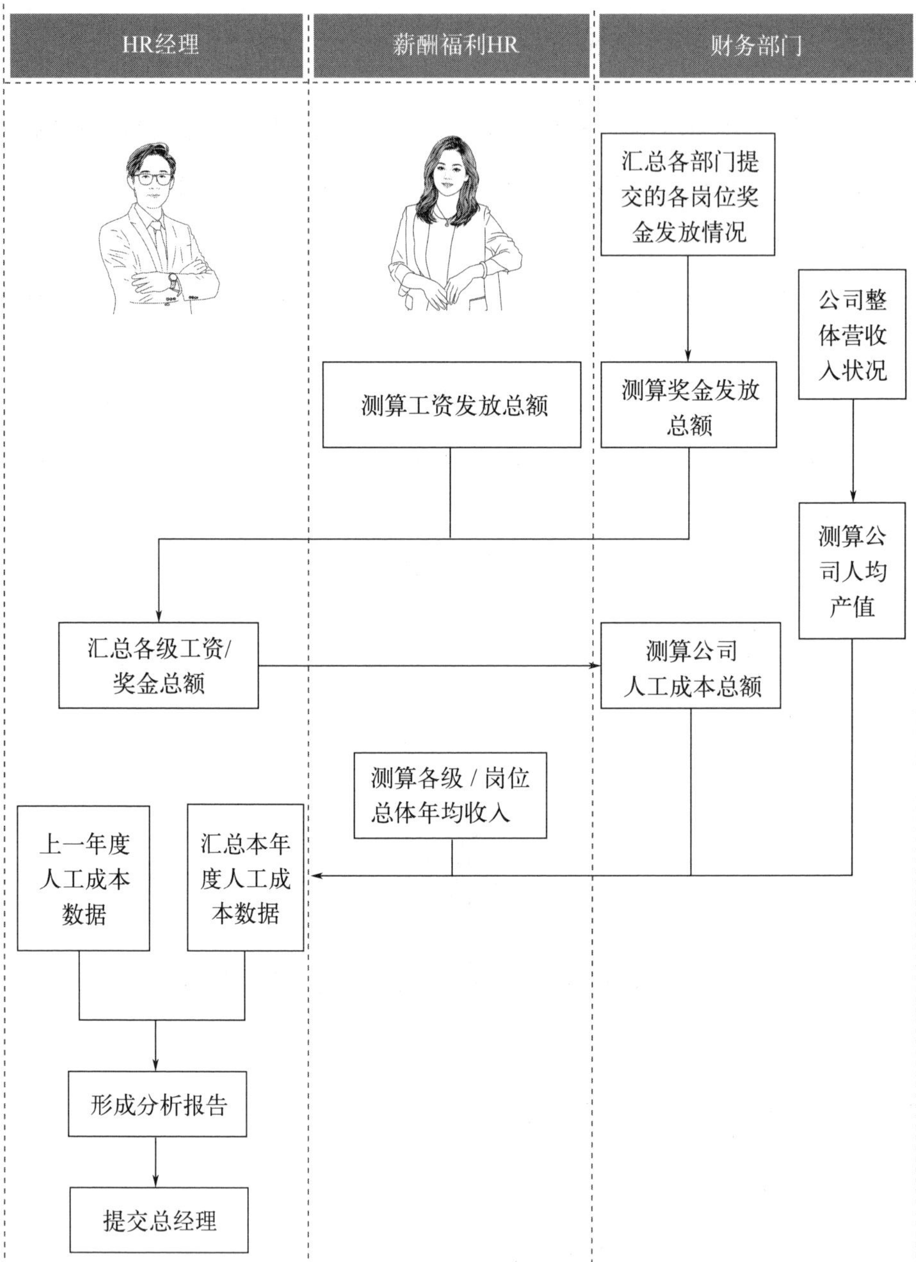

图 8-3　年度人工成本测算流程

在工资、奖金管理中，新员工的工资、奖金是一个特殊部分，薪酬福利 HR 需要格外注意，设置不同于常规工资、奖金管理的流程。

新员工工资、奖金管理流程图如图 8-4 所示。

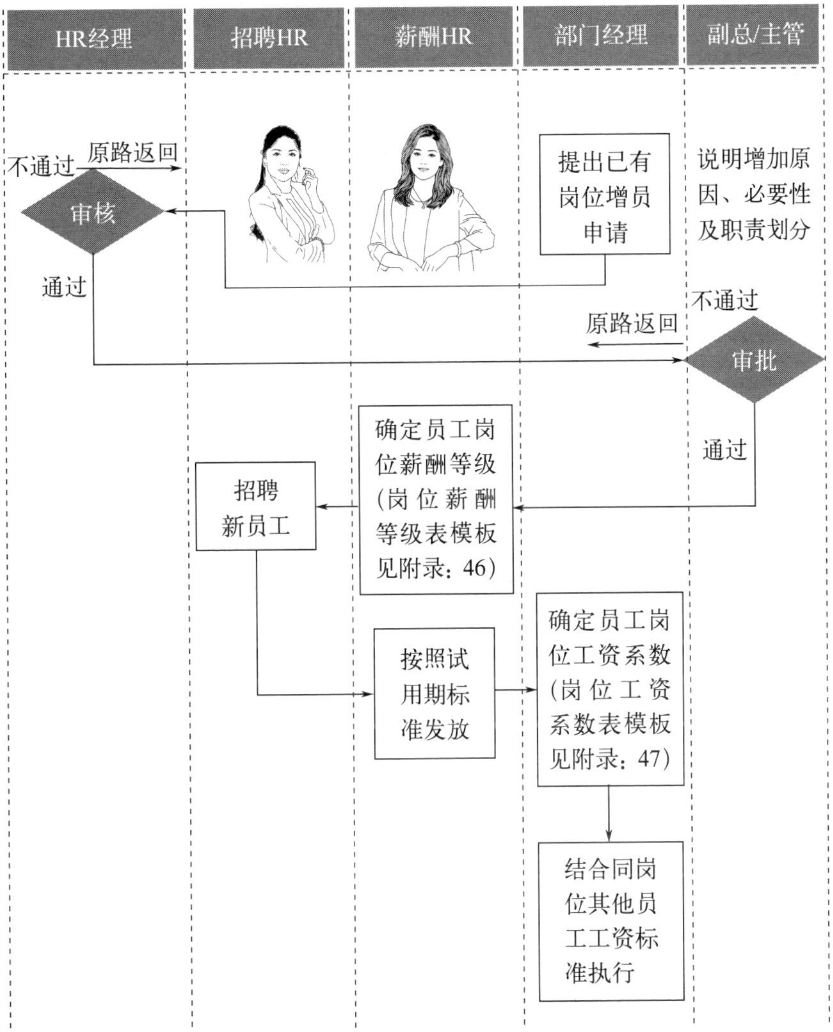

图 8-4　新员工工资、奖金管理流程图

为了更有效地激发员工的积极性，部分企业会设立一些特定的奖金项目，例如，优秀员工奖、特别员工奖等。

优秀员工奖评选流程图如图 8-5 所示。

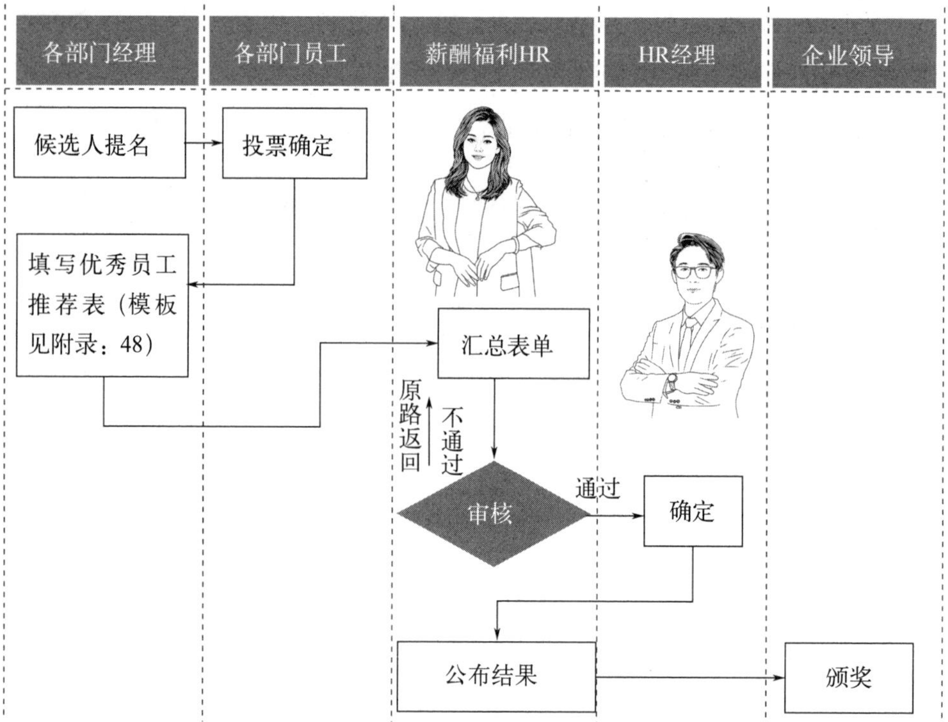

图 8-5　优秀员工奖评选流程图

8.3.2　社保管理流程

在现代企业中，员工社保管理是人力资源管理的重要组成部分。企业需要确保每位员工的社保信息准确无误，及时缴纳各项社会保险费用，以保障员工的合法权益。为此，企业通常会设立专门的社保管理部门或指定专人负责此项工作。社保管理不仅涉及员工个人的福利，还关系到企业的合规性，因此，建立一套完善的社保管理制度和流程是十分必要的。这包括但不限于员工入职时的社保登记、在职期间的社保变更、离职时的社保停保等环节。

同时，随着国家政策的不断更新，社保管理也需要及时调整策略，以适应新的法律法规要求。

员工的社保管理流程图如图 8-6 所示。

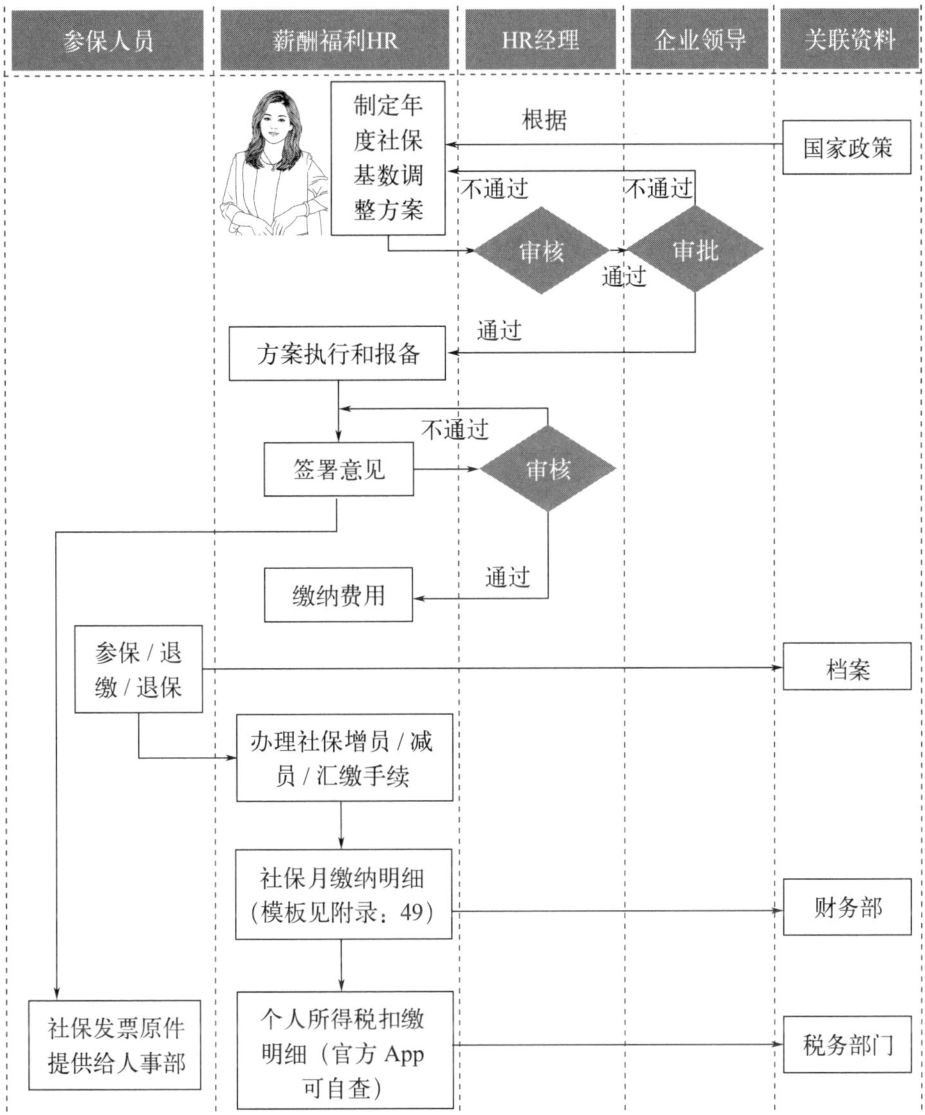

图 8-6　企业员工社保管理流程图

8.3.3　福利管理流程

员工福利管理作为企业人力资源管理的重要组成部分，对于提升员工的满意度和忠诚度，推动企业的长期稳定发展具有不可替代的作用。因此，构建一

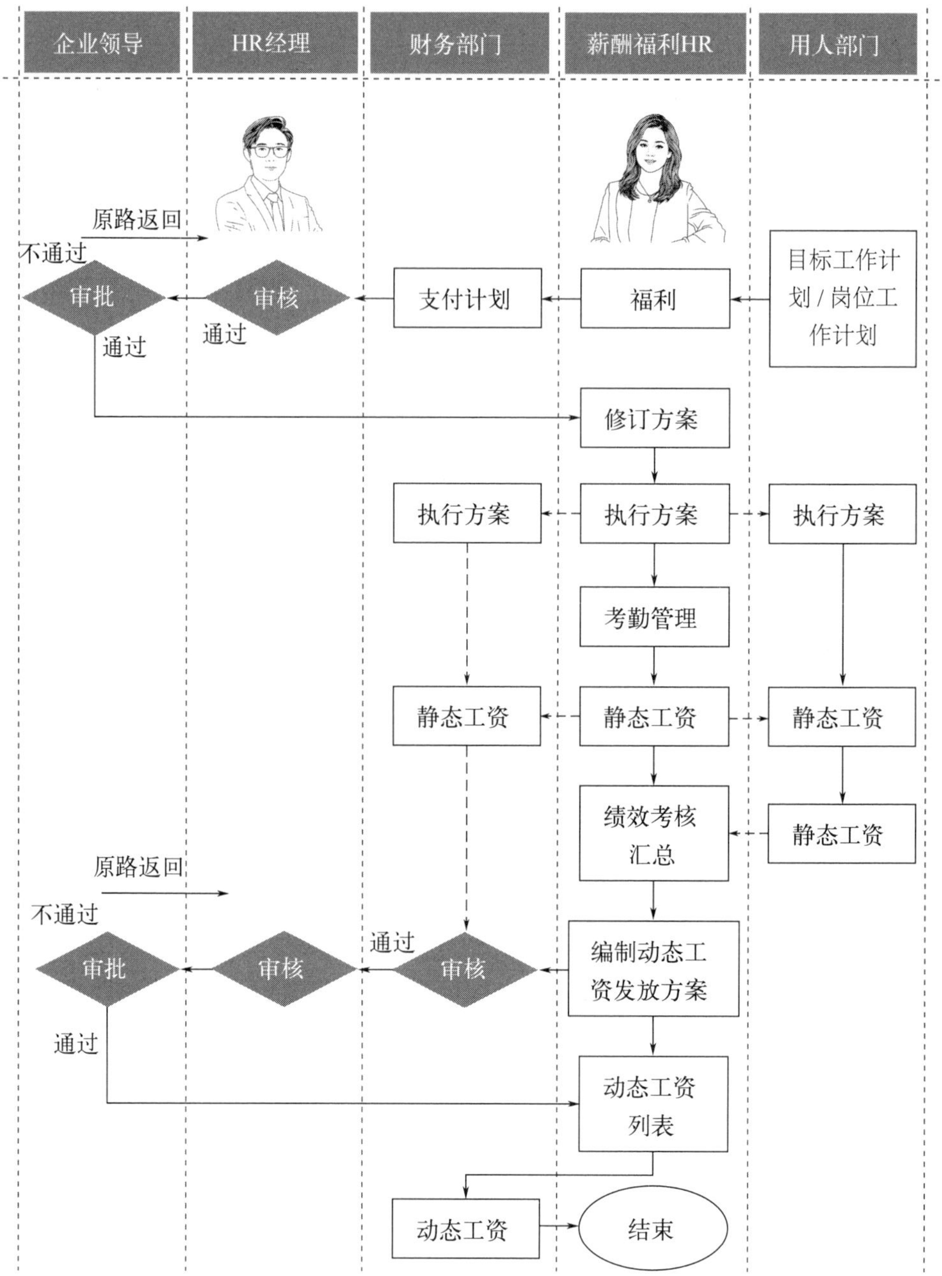

图 8-7　企业员工福利管理流程图

套完善的福利管理体系，以满足员工多样化的需求，激发员工的工作热情，增强企业的向心力，是企业人力资源管理工作的重中之重。

首先，人力资源部门应立足于企业的经营实际和员工的切实需求，精心设计福利项目。这不仅要涵盖基本工资、奖金、社会保险、住房公积金、带薪休假、员工培训、健康检查、员工活动等传统福利项目，还应兼顾公平性与激励性，确保每位员工都能充分感受到企业的温暖与关怀。

其次，HR 根据人力资源部门政策和要求，构建一个公开、透明的福利管理流程，确保福利政策的执行公开透明、公平公正。这要求福利申请、审核、发放等环节实现规范化操作，同时对福利政策进行定期的评估和调整，以适应企业发展和员工需求的动态变化。

员工的福利管理流程图如图 8-7 所示。

最后，人力资源部门还应重视福利管理的信息化建设，运用现代信息技术提升福利管理的效率和精确度。通过建立员工福利管理信息系统，实现福利数据的集中管理，便于员工查询和申请福利，同时有助于企业对福利成本的精准控制和深入分析。

8.4 薪酬福利制度确立流程

8.4.1　薪酬福利制度的三个特性

薪酬福利制度作为薪酬福利体系得以实施的关键，规定了薪酬的核算方式、支付方式、调整机制等具体操作流程，确保薪酬发放的公正性、透明度和及时性。要实现对薪酬的高效管理，必须基于已有的薪酬福利体系构建一套科学且合理的制度。

那么，如何设计薪酬福利制度呢？完备的薪酬福利制度的三个特点如图 8-8 所示。

图 8-8　完备的薪酬福利制度的三个特点

（1）科学性

科学的薪酬福利制度在激发员工工作热情、提升员工工作效率方面具有重要作用，同时，也是吸引和保留人才的关键因素。因此，薪酬福利制度的设计必须遵循科学性原则，确保与行业整体表现、企业客观实际高度契合，同时，也要切实考虑员工的岗位职责、工作强度、市场薪酬水平及个人能力等多个方面。

此外，薪酬福利制度应具备一定的灵活性，以便根据员工的工作表现和企业的经营状况，及时作出相应的调整。

薪酬福利制度的科学性体现在表 8-2 所列的几个方面。

表 8-2　薪酬福利制度科学性的具体体现

体现	具体内容
符合行业表现	企业的薪酬福利制度应与整个行业的市场表现相符，以保持企业在人才市场的竞争力。通过调查研究，了解行业内外相似岗位的薪酬水平，确保企业的薪酬福利制度具有市场竞争力

续表

体现	具体内容
体现企业岗位实际情况	不同岗位在企业中的价值贡献率不同，科学的薪酬福利制度应充分体现岗位的实际情况，比如岗位职责、技能要求、工作难度等
兼顾个人能力	薪酬福利制度应充分考虑员工的个人能力，并将个人能力与岗位贡献挂钩，让薪酬充分发挥“能者上，平者让，庸者下，劣者汰”的作用

（2）完善性

确保薪酬福利制度完善性的核心是全面且均衡，不能顾此失彼，偏重于某一方面而忽视其他方面。一般要求是薪酬福利制度应能满足员工的多样化需求，涵盖基本薪资、绩效奖金、福利待遇以及长期激励计划。基本薪资确保员工的基本生活保障，绩效奖金与员工的工作绩效紧密挂钩，以此激发其工作热情。福利待遇应包括健康保险、退休金计划等，旨在为员工提供安全感和归属感。长期激励计划，如股权激励、期权等，有助于员工与企业共同成长，并分享企业发展的成果。

薪酬福利制度的完善性体现在表 8-3 所列的几个方面。

表 8-3　薪酬福利制度完善性的具体体现

体现	具体内容
多元化的薪酬构成	薪酬福利制度除了涉及基本工资方面外，还包括绩效奖金、岗位津贴、加班补贴、福利等，形成多元化的薪酬构成。不同类型的薪酬成分具有不同的激励作用，可以满足员工不同的需求，提高其满意度和忠诚度
透明的薪酬福利管理体系	企业公开透明地宣传和解释薪酬福利管理制度，让员工了解薪酬福利制度的具体内容和运作方式。这有助于消除员工的疑虑，提高薪酬福利管理的公信力
合理的薪酬调整机制	薪酬福利制度还包括合理的薪酬调整机制，即薪酬福利制度要有一定弹性，可以根据市场行情、企业经营状况、员工个人表现等因素定期进行薪酬调整。这有助于激发员工的积极性，增强企业的凝聚力

（3）激励性

薪酬福利制度不仅仅是对行为的规范、约束，更重要的是其激励性，通过薪酬的发放，能提升员工的工作动力、积极性和忠诚度。因此，在设计薪酬福利制度时，激励性是需要考虑的重要方面，一个有效的薪酬福利制度能够激发员工的积极性和创造性，提高工作效率和质量。

薪酬福利制度的激励性体现在表 8-4 所列的几个方面。

表 8-4　薪酬福利制度激励性的具体体现

体现	具体内容
与员工绩效紧密相连	薪酬福利制度要与员工的工作绩效紧密相连，通过绩效考核来确定员工的薪酬水平，确保优秀员工得到相应的奖励
薪酬之间有梯度	不同岗位的薪酬要有一定的梯度，这有利于员工进行渐进的合理竞争。但务必避免薪酬差距过大或过小。过大的差距可能导致员工心理失衡，影响团队的凝聚力；过小的差距则无法激发员工的积极性
考虑到员工的长远发展	薪酬福利制度还应考虑员工的个人发展和职业规划，提供晋升机会和培训支持，以满足员工的长期职业发展需求。通过这些措施，薪酬福利制度不仅能够激励员工当前的工作表现，还能促进员工的个人成长，从而实现企业和员工的双赢

总之，构建科学、完善而合理的薪酬福利制度是薪酬福利管理工作的基石。企业应根据市场变化和员工需求，不断调整和完善薪酬福利制度，以激发员工的积极性和创造力，实现企业的持续发展。

8.4.2　薪酬福利制度的设计流程

为确保各个特性在薪酬福利制度中真正地得以体现，设计薪酬福利制度必须遵循一定的流程。

薪酬福利制度设计流程图如图 8-9 所示。

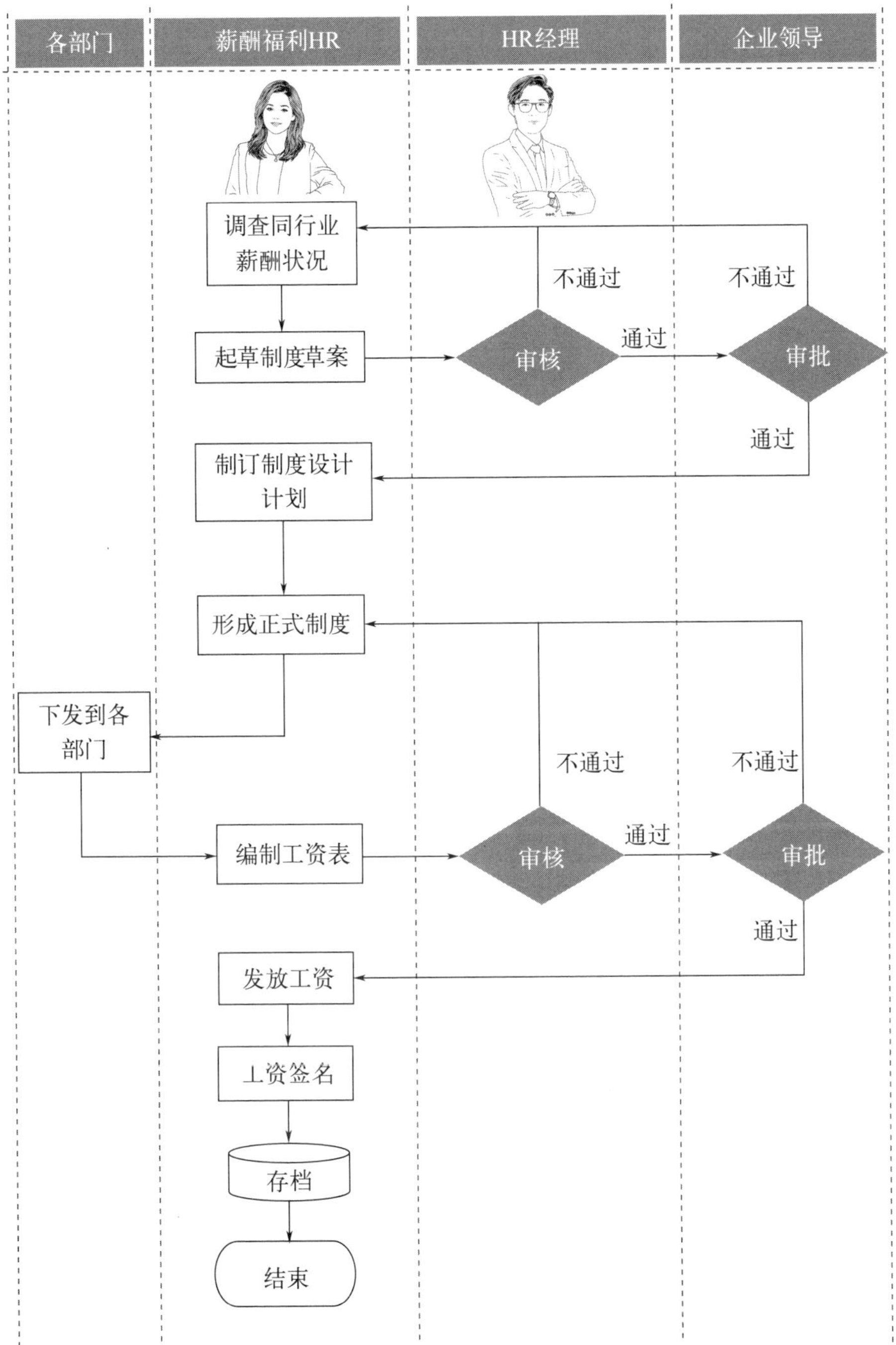

图 8-9　薪酬福利制度设计流程图

8.5 绩效考勤与薪酬方法流程

8.5.1 员工考勤管理流程

对员工的出勤情况进行管理，是 HR 日常工作中的一部分，十分重要。对员工出勤情况进行管理，一方面可以确保员工准时出勤，遵守工作纪律，提升工作效率和团队合作。还有利于自身做好其他方面的工作，比如，精确的考勤记录对工资和奖金的计算、员工绩效评估有很好的辅助作用。

所以，HR 要建立一套科学、合理的考勤管理流程，并运用多种方法来辅助管理。

建立考勤管理流程的步骤如图 8-10 所示。

图 8-10 建立考勤管理流程的步骤

（1）制度规范

制定相关制度，并在企业内部宣讲，确保所有员工对该制度有充分了解并能身体力行去遵守。

（2）数据分析

定期对考勤数据进行分析，及时发现并处理异常情况，例如频繁出现的迟到、早退或无故缺勤现象。

（3）经常沟通

针对有考勤异常的员工进行沟通，了解其具体情况，并提供必要的协助或指导。

（4）建立系统

引入高效的考勤管理系统，例如指纹识别、面部识别技术或智能打卡设备等，以降低人为错误及作弊行为的发生概率。

（5）奖惩机制

建立公平的奖惩机制，对严格遵守考勤规定的员工给予表彰或奖励，对违反规定的员工则采取相应的处罚措施。

（6）反馈优化

征集员工对考勤制度的反馈意见，并根据实际情况对政策进行适时调整，以提升员工满意度及工作效率。

如果体现在流程图中，如图 8-11 所示。

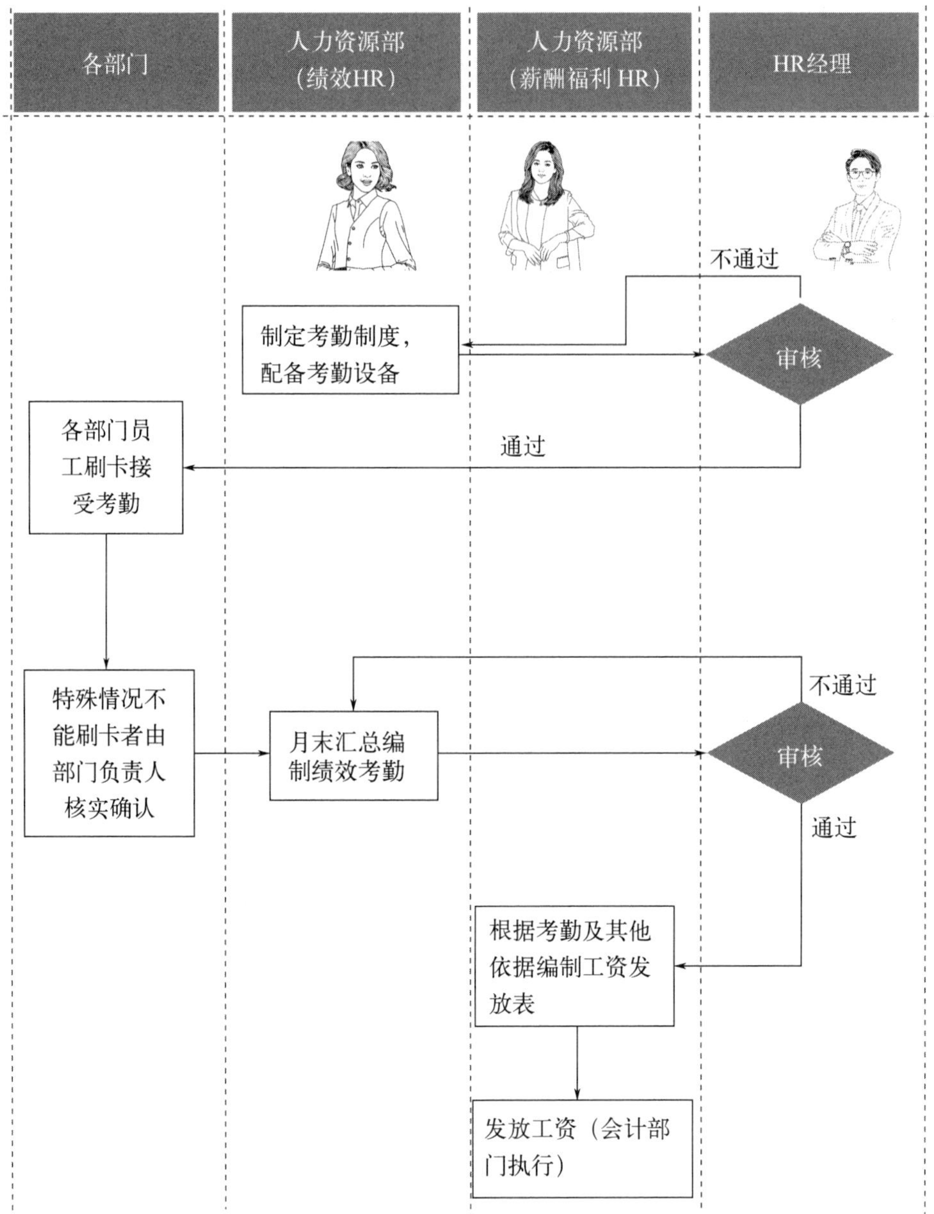

图 8-11　员工考勤管理流程图

8.5.2　员工休假管理流程

休假是员工享受企业福利，平衡工作生活的重要方式，当员工得到良好的休息时，不仅能做到劳逸结合，还能有助于其提高对企业的满意度和忠诚度。

对于 HR 而言，合理进行休假管理有助于防止人力资源的浪费，确保工作的连续性和业务的正常运行。

HR 在进行员工休假管理时，可以按照以下四个流程进行，如图 8-12 所示。

图 8-12　员工休假管理的流程

这些流程体现在流程图中如图 8-13 所示。

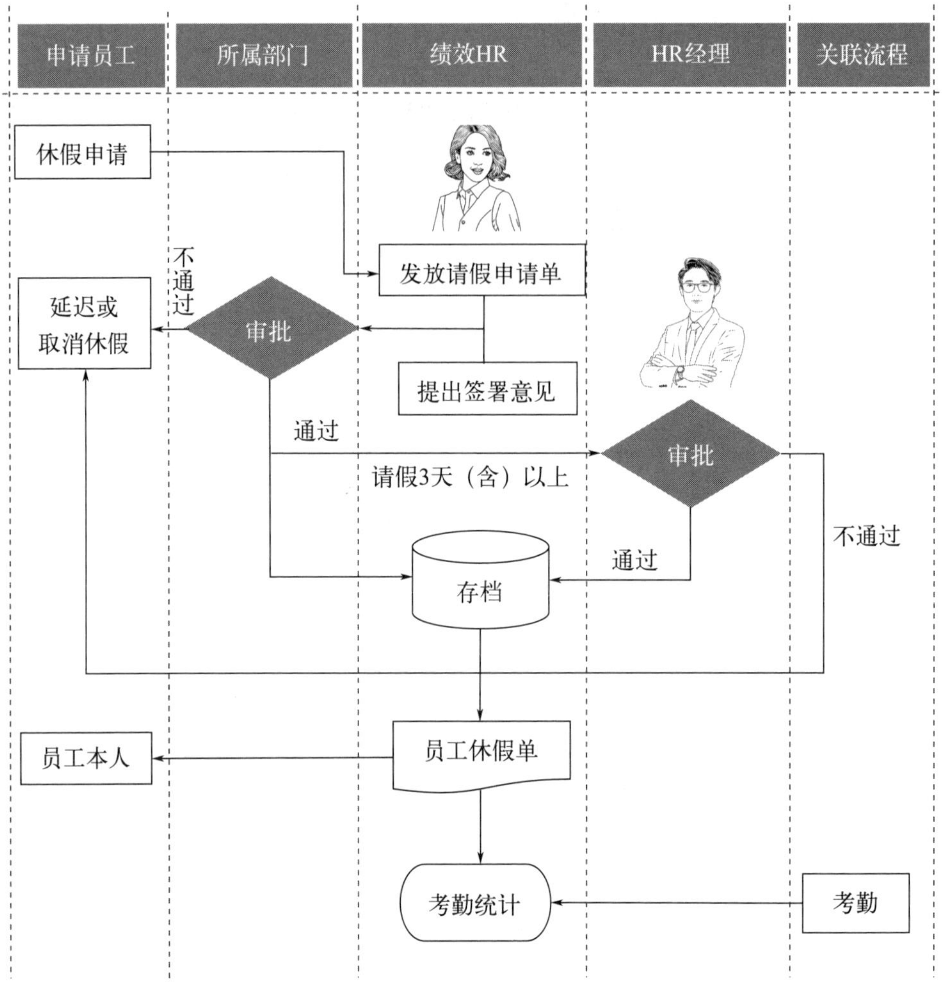

图 8-13　员工休假管理流程图

8.5.3　员工加班管理流程

加强员工加班管理至关重要，通过规范加班管理流程，例如明确加班规定、审批流程等，可以确保企业在法律规定的框架内合理安排加班，既能满足工作需求，又能避免资源浪费、成本增加，同时不给员工增加过大的负担。

HR 在管理员工加班流程时，主要包含以下五个方面。

① 加强加班申请程序的规范性，确保加班需求得到合理评估。

② 建立加班记录系统，详细记录员工加班的时间及原因。

③ 制定加班补偿政策，涵盖加班费的计算和调休的安排。

④ 定期审查加班情况，预防过度加班现象，确保员工的休息权益。

⑤ 增强沟通与反馈机制，使员工充分理解加班管理流程的重要性。

将这些流程体现在流程图中，如图 8-14 所示。

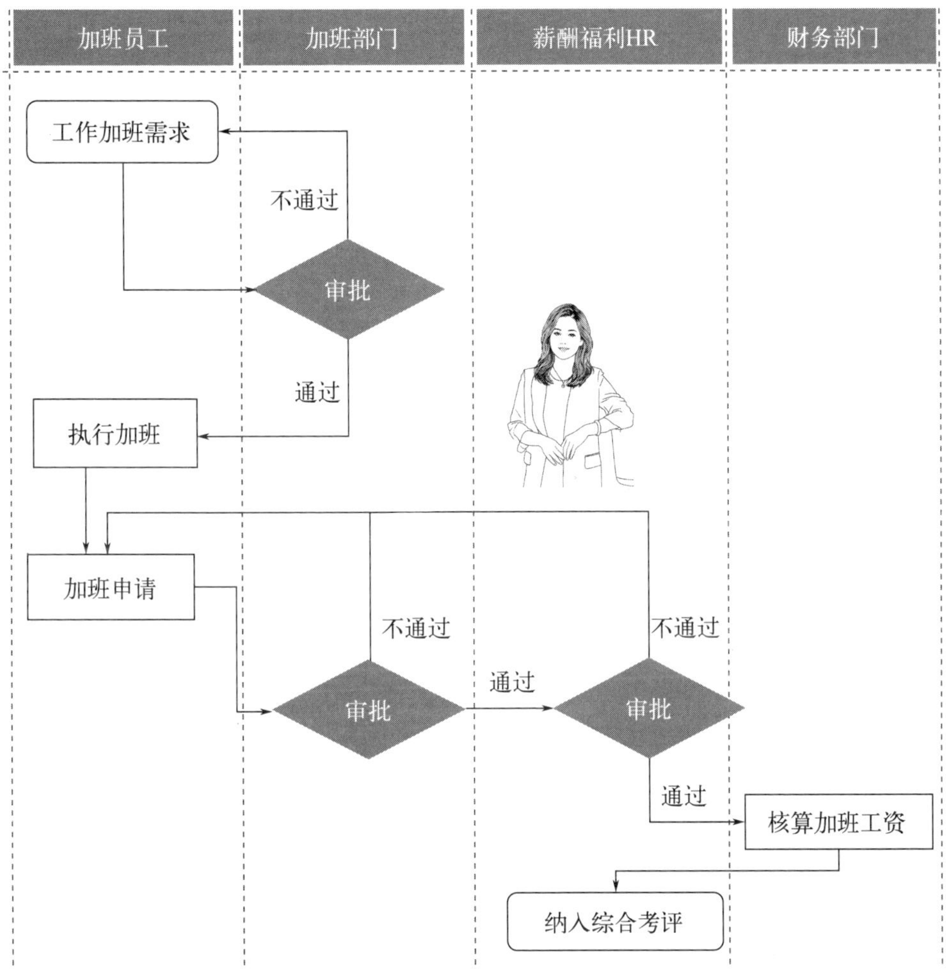

图 8-14　员工加班管理流程图

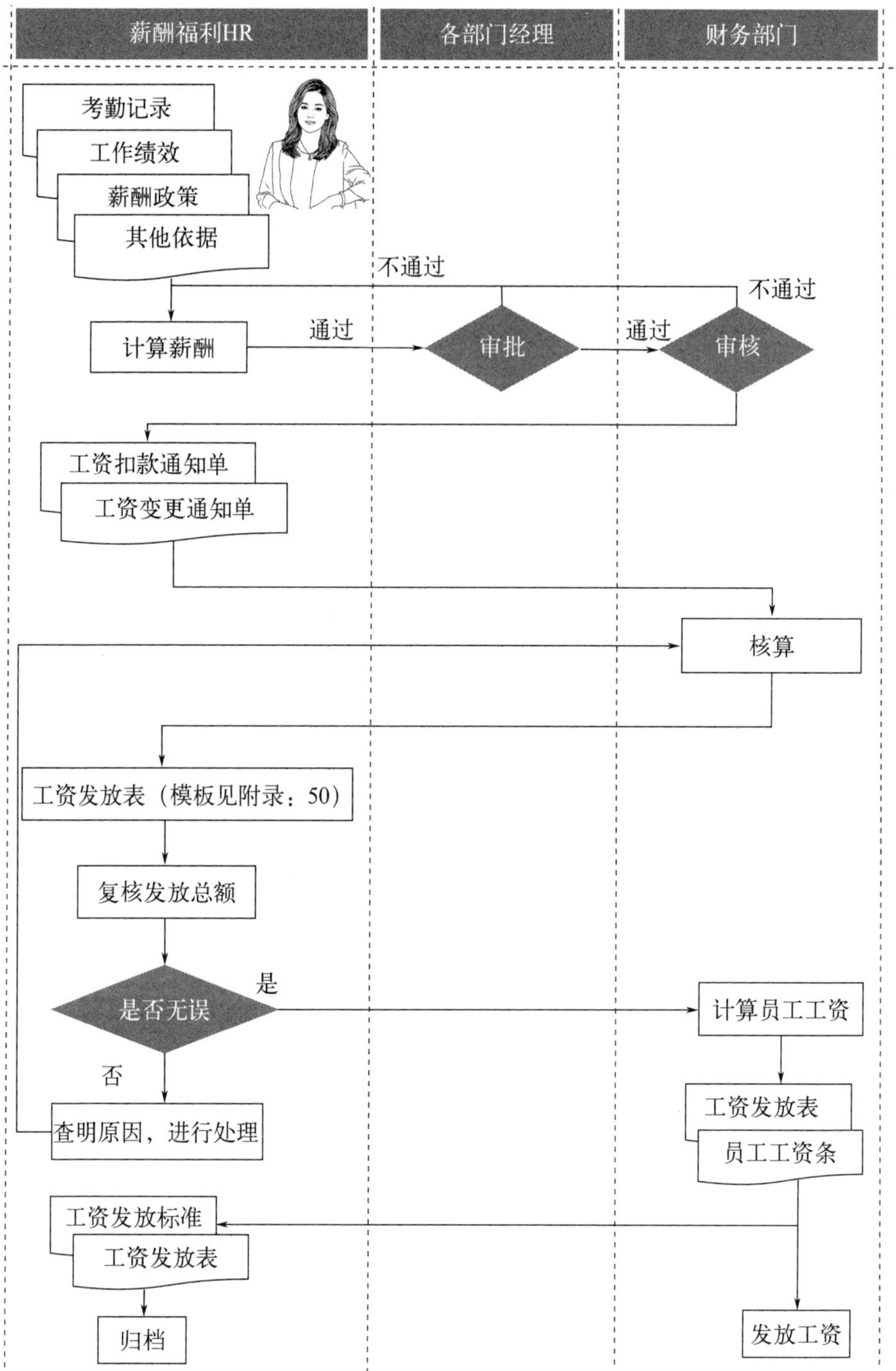

图 8-15　薪酬发放流程图

8.5.4　薪酬发放流程

薪酬的发放通常包括以下几步。首先，人力资源部门的薪酬 HR 会根据员工的考勤记录、工作绩效以及公司薪酬政策来计算每位员工的应得薪酬。其次，薪酬数据会被各部门审核和确认，确保无误后，通过电子转账或支票的形式发放给员工。在发放过程中，确保员工的个人隐私和薪酬信息安全是至关重要的。最后，员工收到薪酬后，公司会提供相应的薪酬明细，以便员工了解自己的收入构成。整个流程需要严格遵守相关法律法规，确保合法合规地进行薪酬发放。

薪酬发放流程图如图 8-15 所示。

附录

人力资源流程管理常用文档

详细表格请扫描右侧二维码下载使用。

1. 流程优化项目立项表
2. 人力资源工作年度工作规划表
3. 人员需求预测表
4. 人员需求统计表
5. 岗位（职位）职责管理办法
6. 岗位（职位）说明书
7. 招聘计划方案
8. 招聘计划表
9. 招聘申请书
10. 面试邀请函
11. 应聘人员初试评估表
12. 应聘人员综合评估表
13. 员工入职审批表
14. 员工入职档案
15. 员工录用通知书
16. 新员工入职登记表
17. 员工人事档案卡
18. 员工转正申请表
19. 员工转正审批表
20. 年度招聘费用预算
21. 年度预算外招聘审批表
22. 员工岗位调动申请
23. 员工岗位调动审批表
24. 员工调动通知书
25. 内部竞聘报名表
26. 离职申请书
27. 工作交接单
28. 员工离职审批表
29. 员工培训需求调查表
30. 员工培训计划书
31. 员工培训计划安排表
32. 培训通知
33. 培训效果调查表
34. 员工培训记录表
35. 新员工培训登记表
36. 绩效考核方案模板
37. 员工考核评分表
38. 绩效沟通记录表
39. 绩效计划表
40. 员工绩效确认反馈表
41. 绩效考核结果申诉表
42. 绩效面谈及改进记录表
43. 员工薪资方案
44. 员工薪资调整审批表
45. 员工薪资调整变动表
46. 岗位薪酬等级表
47. 岗位工资系数表
48. 优秀员工推荐表
49. 公司社保月缴纳明细表
50. 工资发放表